글 김지현
연세대학교 물리학과를 졸업하고, 같은 대학교 교육대학원에서 공통과학교육 석사 학위를 받았습니다. 와이즈만 영재교육연구소에서 아이들을 위한 탐구력, 창의력 교재를 개발하였습니다. 현재는 자유 저술가로 활동하며 아이들이 즐겁게 읽을 수 있는 과학책을 만들고 있습니다.

구성 사회평론 과학교육연구소
대학에서 오랫동안 과학을 연구한 전문가들이 모여, 우리 아이들이 쉽고 재미있게 공부할 수 있는 책을 만들고 있습니다.

이명화 (사회평론 과학교육연구소 연구원)
서울대학교 물리교육과를 졸업하고 같은 대학교 대학원에서 석사, 박사 학위를 받았습니다. 10여 년간 중학교에서 과학을 가르쳤으며, 미국 아리조나 주립대에서 물리학으로 박사 학위를 받고 독일, 미국, 영국에서 연구원으로 근무하였습니다. 쉽고 재미있는 과학책을 쓰는 일에 관심을 갖고 있으며, 현재 사회평론 과학교육연구소 연구원으로 과학책을 만들고 있습니다.

김형진 (사회평론 과학교육연구소 연구원)
연세대학교 천문대기과학과를 졸업하고 같은 대학교 대학원에서 석사, 박사 학위를 받았습니다. 과학자를 꿈꾸는 아이들에게 올바른 과학 개념과 과학적 태도를 함께 키울 수 있는 방법을 전달하기 위해 노력하고 있습니다. 현재 사회평론 과학교육연구소 연구원으로 과학책을 만들고 있습니다.

설정민 (사회평론 과학교육연구소 연구원)
서울대학교 생물학과를 졸업하고 같은 대학교 대학원에서 석사 학위를 받은 뒤 박사 과정을 수료하였습니다. 아이에게 과학을 쉽고 재미있게 얘기해 주려 노력하다 보니 어린이를 위한 책을 만드는 일에도 관심을 가지게 되었습니다. 현재 사회평론 과학교육연구소 연구원으로 과학책을 만들고 있습니다.

그림 김인하
시각디자인을 전공하고 1999년 월간지에 만화를 연재하며 작품 활동을 시작하였습니다. 《건방진 우리말 달인》, 《똑똑한 어린이 대화법》 등에 그림을 그렸습니다. 이 책을 읽는 어린이들의 밝은 미래를 기원합니다.

그림 김지희
만화가이자 일러스트레이터로 활동하고 있습니다. 그린 책으로 《드래곤빌리지 학습도감 13 : 해적앵무》, 《난생 처음 한번 공부하는 미술 이야기 5》, 《난생 처음 한번 공부하는 미술 이야기 6》 등이 있습니다.

그림 전성연
대학교에서 그래픽디자인을 전공했고, 현재 직장을 다니며 일러스트 작업을 하고 있습니다.

감수 강남화
서울대학교 물리교육과를 졸업하고 같은 대학교 대학원에서 석사 학위를 받았습니다. 미국 조지아주립대학교에서 박사 학위를 받았습니다. 미국에서 10년간의 교수 생활 후 현재 한국교원대학교 물리교육과 교수로 재직 중입니다. 2015 개정 교육과정의 고등학교 물리교과서를 함께 저술했으며, 함께 번역한 책으로 《재미있는 물리 여행》, 《드로잉 피직스》가 있습니다.

캐릭터 이우일
홍익대학교에서 시각디자인을 공부한 만화가입니다. 그림책 작가인 아내 선현경, 딸 은서, 고양이 카프카와 함께 그림을 그리고 글을 쓰며 살고 있습니다. 지은 책으로 《우일우화》, 《옥수수빵과랑》, 《좋은 여행》, 《고양이 카프카의 고백》 등이 있고, 그린 책으로 《노빈손》 시리즈, 《용선생의 시끌벅적 한국사》 시리즈, 《교양으로 읽는 용선생 세계사》 시리즈 등이 있습니다.

용선생의 시끌벅적 과학교실

빛

글 김지현 | 구성 사회평론 과학교육연구소 | 그림 김인하·김지희·전성연 | 감수 강남화 | 캐릭터 이우일

거울로 라면을 끓이는 방법은?

사회평론

프롤로그

여러분, 안녕? 과학반을 맡은 용선생이야. 내 명성은 익히 들어 봤겠지? 역사반과 세계사반을 모두 훌륭하게 성공시키며 방과 후 교실 최고의 인기 교사가 된 그 용선생이란다. 교장 선생님께서 특별히 부탁하셔서 이번에는 과학반을 맡게 되었어. 어찌나 사정을 하시던지 도무지 거절할 수가 없었지 뭐야. 그래서 이 몸이 깜짝 놀랄 수업을 준비했단다.

우리의 수업은 언제나 질문과 함께 출발해. 세상을 둘러보다가 누군가 "저건 왜 그래요?" 하고 질문하면 바로 그 순간 수업이 시작되는 거지. 이제부터 용선생의 시끌벅적 과학교실을 제대로 즐기는 방법을 하나씩 알려 줄게.

첫째, 과학반 친구들과 함께 호기심을 갖고 질문해 봐. 과학을 어렵게만 생각하지 말고, 매 교시마다 아이들이 어떤 호기심을 가지는지 관심을 가져 봐. 과학반 친구들과 함께 '왜 그럴까?', '어떻게 알아낼 수 있을까?' 고민하다 보면 어렵던 과학도 쉽게 느껴질 거야.

둘째, 어려운 내용은 사진과 그림으로 이해해 봐. 어려운 과학 개념과 원리를 한 장의 사진이나 그림을 통해 단숨에 이해할 수도 있어. 그래서 너희를 위해 사진과 그림을 많이 준비했단다. 글을 읽다가 어렵다 싶으면 옆에 있는 사진과 그림을 봐. 잘 이해되지 않던 내용이 틀림없이 술술 이해될 거야.

셋째, 배운 내용을 되새기며 머릿속에 정리해 봐. 왁자지껄한 수업을 마치고 나면 뭘 배웠는지 정리가 안 될 때도 있을 거야. 그럴 때를 대비해 중간중간 핵심 정리를 준비했어. 또 배운 내용을 4컷 만화로 재미있게 요약해 두었지. 게다가 교시가 끝날 때마다 나선애의 정리노트도 마련했단다. 이 정도면 학습 정리는 문제없겠지?

과학은 분야도 다양하고 배울 내용도 아주 많아. 쉽게 이해할 수 있는 부분도 있지만, 여러 번 곰곰이 생각해 봐야 알 수 있는 부분도 있지. 이 책을 여러 번 다시 읽다 보면 구석구석 빠짐없이 모두 이해될 거야.

자, 이제 용선생의 시끌벅적 과학교실을 제대로 즐길 준비가 됐겠지? 그럼 신나는 수업을 시작해 볼까?

차례 | 빛

1교시 | 그림자
유리병의 그림자는 왜 연할까?

그림자는 왜 생길까? … 13
그림자는 왜 진하기가 다를까? … 17
그림자는 물체와 모양이 똑같을까? … 21

나선애의 정리노트 … 24
과학퀴즈 달인을 찾아라! … 25

교과연계
초 4-2 그림자와 거울 | 중 1 빛과 파동

3교시 | 거울
도로에 왜 볼록한 거울을 설치할까?

거울 속의 나는 무엇이 다를까? … 47
편의점 거울이 볼록한 까닭은? … 51
거울로 물을 끓일 수 있을까? … 54

나선애의 정리노트 … 58
과학퀴즈 달인을 찾아라! … 59

교과연계
초 4-2 그림자와 거울 | 중 1 빛과 파동

2교시 | 색
분수는 어떻게 여러 가지 색을 낼까?

눈으로 세상을 볼 수 있는 까닭은? … 29
화려한 분수 쇼의 비밀은? … 31
빨간색 풍선은 왜 빨갛게 보일까? … 36

나선애의 정리노트 … 40
과학퀴즈 달인을 찾아라! … 41
용선생의 과학 카페 … 42
  - 셀로판지와 신호등의 공통점은?

교과연계
초 4-2 그림자와 거울 | 초 6-1 빛과 렌즈 |
중 1 빛과 파동

4교시 | 빛의 굴절

물속에 있는 다리가 짧아 보이는 까닭은?

빛이 나아가다 다른 물질을 만나면? … 63
빨대가 왜 꺾여 보일까? … 65
프리즘은 어떻게 무지개를 만들까? … 69

나선애의 정리노트 … 72
과학퀴즈 달인을 찾아라! … 73
용선생의 과학 카페 … 74
   - 신기루의 정체는?

교과연계
초 6-1 빛과 렌즈 | **중 1** 빛과 파동

6교시 | 오목 렌즈

칠판 글씨가 안 보일 때 쓰는 안경은?

우리 눈에서 일어나는 굴절은? … 97
근시일 때 쓰는 안경은 뭐가 다를까? … 100
오목 렌즈는 어디에 쓰일까? … 103

나선애의 정리노트 … 106
과학퀴즈 달인을 찾아라! … 107
용선생의 과학 카페 … 108
   - 세계 최초의 망원경은?

교과연계
초 6-1 빛과 렌즈 | **중 1** 빛과 파동

5교시 | 볼록 렌즈

생수병 때문에 산불이 났다고?

물이 든 생수병과 돋보기의 공통점은? … 78
어항 뒤 고양이가 커 보이는 까닭은? … 83
볼록 렌즈는 어디에 쓰일까? … 86

나선애의 정리노트 … 90
과학퀴즈 달인을 찾아라! … 91
용선생의 과학 카페 … 92
   - 카메라의 시작은 바늘구멍!

가로세로 퀴즈 … 110
교과서 속으로 … 112

찾아보기 … 114
퀴즈 정답 … 115

교과연계
초 6-1 빛과 렌즈 | **중 1** 빛과 파동

등장인물

용쓴다 용써!
용선생

체력 ★★★
지력 ★★★★★
감성 ★★★
호기심 ★★★★★
유머 ★★

열정이 가득한 과학 선생님. 하늘을 향해 거침없이 솟은 머리카락과 삐죽삐죽한 수염이 매력 포인트. 생생한 과학 수업을 하기 위해 물불을 가리지 않는다.

장하다 장해!
장하다

체력 ★★★★★
지력 ★
감성 ★★★★
호기심 ★★★★★
유머 ★★★★★

'튼튼하게만 자라 다오.'라는 아버지의 소원대로 튼튼하게 자랐다. 성격은 일등, 성적은 비밀이다. 시험을 못 봐도 씩씩하고, 엉뚱한 질문으로 수업에 활력을 준다.

오늘도 나선다!
나선애

체력 ★★★★
지력 ★★★★
감성 ★★★
호기심 ★★★★★
유머 ★★★

과학자를 꿈꾸는 우등생. 공부도 잘하고 아는 게 많아서 모든 일에 앞장서는 타입이다. 겉으로는 차가워 보이지만 내심 따뜻한 면도 가지고 있다. 전혀 티가 안 나서 그렇지.

잘난 척 대장
왕수재

체력 ★★★
지력 ★★★★
감성 ★
호기심 ★★★★★
유머 ★

세상에서 자기가 제일 잘난 줄 안다. '천재는 외로운 법이고 질투의 대상인 법'이라나. 친구들에게 깐족거리는 데에도 천재적이다. 그래도 수업에는 늘 적극적으로 참여한다.

낭만 가득
허영심

체력 ★★★★★
지력 ★★★
감성 ★★★★★
호기심 ★★★★★
유머 ★★

감성이 풍부해도 너무 풍부하다. 떨어지는 낙엽이나 밤하늘의 별을 보며 눈물짓고, 조그만 벌레와 대화를 나누는 사차원 성격. 하지만 누구보다 정이 많고 낭만적이다.

과학반 귀염둥이
곽두기

체력 ★★★
지력 ★★★★
감성 ★★★★
호기심 ★★★★★
유머 ★★★★

형과 누나들의 귀여움을 독차지하는 과학반 막내. 나이도 가장 어리고 타고난 동안이라 언뜻 보면 유치원생 같다. 훈장 할아버지 덕에 어려운 단어를 줄줄 꿰고 있다.

우리를 찾아봐!

 태양
지구에 빛을 내리쬐는 광원이야. 태양 빛 덕에 우리는 세상을 볼 수 있어.

 **손전등**
광원의 하나로, 가지고 다닐 수 있는 작은 전등이야.

 **프리즘**
투명한 삼각기둥 모양의 기구야. 햇빛을 비추면 여러 가지 색의 빛이 나와.

 **돋보기**
볼록 렌즈로 되어 있고, 물체를 확대해서 볼 때 쓰는 도구야.

 **볼록 렌즈**
가운데가 가장자리보다 두꺼운 렌즈야. 돋보기안경에 쓰여.

 **오목 렌즈**
가운데가 가장자리보다 얇은 렌즈야. 근시 교정 안경에 쓰여.

1교시 | 그림자

유리병의 그림자는 왜 연할까?

해가 비쳐 그림자가 생겼네.

유리병은 그림자가 연한데, 꽃과 잎사귀는 그림자가 진해. 왜 그러지?

와, 꽃이 참 예쁘다!

"꽃이 샛노랗고 정말 예쁘다! 그치?"

허영심이 유리 꽃병에 꽃을 꽂으며 말했다. 그러자 옆에 있던 왕수재가 고개를 갸우뚱하며 물었다.

"꽃병의 그림자가 좀 특이한데?"

허영심도 꽃병의 그림자를 유심히 바라보았다.

"정말! 그림자가 어디는 연하고, 어디는 진해!"

이때 용선생이 과학실 문을 열고 들어섰다. 왕수재가 꽃병을 가리키며 말했다.

"선생님! 그림자는 다 똑같은 줄 알았는데, 진하기가 달라요!"

"오호, 꽃병 그림자를 보고 신기한 점을 발견했구나! 좋아. 오늘은 그림자의 진하기에 대해 알아보자."

그림자는 왜 생길까?

아이들이 모두 자리에 앉자 용선생이 물었다.

"얘들아, 그림자는 왜 생길까?"

"어……. 글쎄요? 그런 생각은 한 번도 안 해 봤어요."

왕수재가 머리를 긁적이며 말했다.

"하하, 그림자를 직접 만들어 보면서 알아보자."

용선생은 햇빛이 들어오지 못하게 창문에 두꺼운 암막 커튼을 쳤다.

"이제 형광등을 끌 테니, 아무 그림자나 찾아 봐."

용선생이 과학실 형광등을 끄자 아이들이 어둠 속에서 웅성거렸다.

"그림자가 사라졌어요!"

용선생이 커튼을 젖히자 창문으로 햇빛이 들어왔다.

"햇빛이 들어오니까 다시 그림자가 생겼어요!"

"그래. 이처럼 그림자가 생기려면 빛이 있어야 해. 낮에 운동장에서 놀 때 해가 구름에 가려지면 그림자가 거의 사라지는 걸 본 적 있지? 햇빛이 구름에 가려 그림자가 사라진 거야."

"꼭 햇빛이 있어야만 그림자가 생겨요?"

 장하다의 상식 사전

암막 어두울 암(暗) 막 막(幕). 빛이 들어오는 걸 막아서 방 안을 어둡게 하기 위해 치는 막을 말해.

▲ 햇빛이 구름에 가려지면 그림자가 사라져.

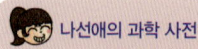

나선애의 과학 사전

광원 빛 광(光) 근원 원(源). 스스로 빛을 내는 물체를 말해. 빛은 광원에서 사방으로 퍼져 나가.

"태양만이 아니라 스스로 빛을 내는 물체가 있으면 돼. 형광등, 손전등처럼 말이야. 이러한 물체를 광원이라고 해. 광원은 모두 그림자를 만들 수 있어."

"그럼 촛불도 광원이에요?"

"무대 조명은요?"

"텔레비전이나 휴대 전화 화면도 광원이에요? 어두울 때 텔레비전이나 휴대 전화를 켜면 주위가 환해지잖아요."

"모두 맞아. 너희가 지금 말한 것들 모두 광원이란다. 여기서 빛의 중요한 성질을 알아볼까? 광원에서 나오는 빛은 곧게 나아갈까, 구불구불하게 휘어져 나아갈까?"

"음……. 영화에서 보면 레이저 빛이 똑바로 나아가던데요. 그러니까 빛은 곧게 나아갈 것 같아요."

 곽두기의 낱말 사전

직진 곧을 직(直) 나아갈 진(進). 곧게 나아간다는 뜻이야.

"하하, 잘 아는구나. 광원에서 나온 빛은 곧게 나아가는데, 이걸 빛의 직진이라고 해. 영화를 안 본 사람도 있을 테니 빛이 직진하는 걸 다 같이 확인해 보자. 두기야, 급식 때 받은 우유 좀 줄래?"

 용선생의 과학 현미경

맑은 물에서는 빛이 지나가는 모습을 잘 볼 수 없지만, 물에 우유나 비눗물을 타면 빛이 지나가는 모습을 잘 볼 수 있어.

용선생은 수조에 물을 담고 우유 한 방울을 떨어뜨렸다. 그리고 레이저 지시기로 빛을 비췄다.

"역시 빛이 똑바로 가요!"

"좋아. 그럼 이번에는 빛을 막아 보자. 하다야, 수조에 손을 넣어 레이저 빛을 막아 볼래?"

장하다가 수조에 손을 넣자 왕수재가 말했다.

"하다 손에 빛이 막혔어요!"

▲ 레이저 빛을 물에 통과시킬 때

"맞아. 이처럼 빛은 직진하다가 어떤 물체에 막히면 물체 뒤쪽에 도달하지 못해. 그래서 어두운 그림자가 생기지. 나무 밑에 그늘이 지는 것도 햇빛이 나무에 막혀 밑에 도달하지 못해서 그림자가 생기는 거야."

"아, 그래서 그림자는 항상 빛이 오는 반대쪽에 생기는군요?"

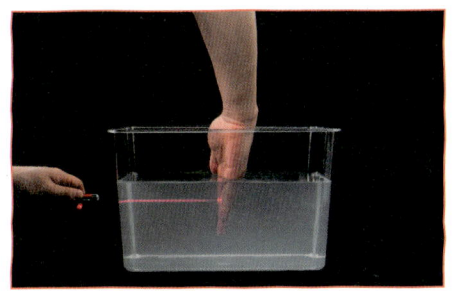

▲ 레이저 빛을 손으로 막을 때 레이저 빛을 눈에 쏘면 위험하니 조심해야 해.

"그래. 만일 빛이 구불구불 휘어서 나아간다면 물체를 돌아서 뒤로 갈 수도 있겠지? 그럼 그림자가 생기지 않을 거야. 이처럼 빛이 직진하기 때문에 그림자가 생긴다는 것, 잘 기억하렴."

아이들이 고개를 끄덕이자 용선생이 말을 이었다.

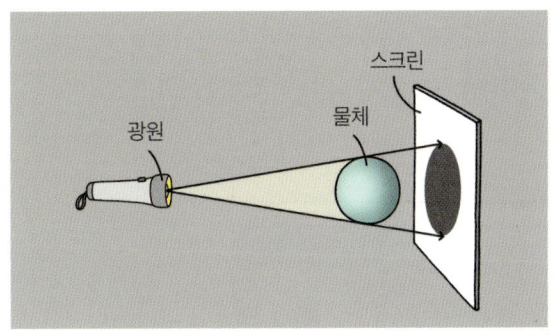

▲ 빛이 물체를 통과하지 못하면 물체 뒤쪽에 그림자가 생겨.

"이제 그림자를 직접 만들어 보자. 뭐가 필요할까?"

"광원이랑 물체요!"

"그래. 광원은 손전등, 물체는 컵으로 준비해 놨지. 하나 더! 물체 뒤에 흰 종이 같은 스크린을 놓으면 그림자가 더 잘 보여. 그림자는 물체 뒤쪽에 생기니까 스크린은 손전등-물체-스크린 순서로 놓아야 해."

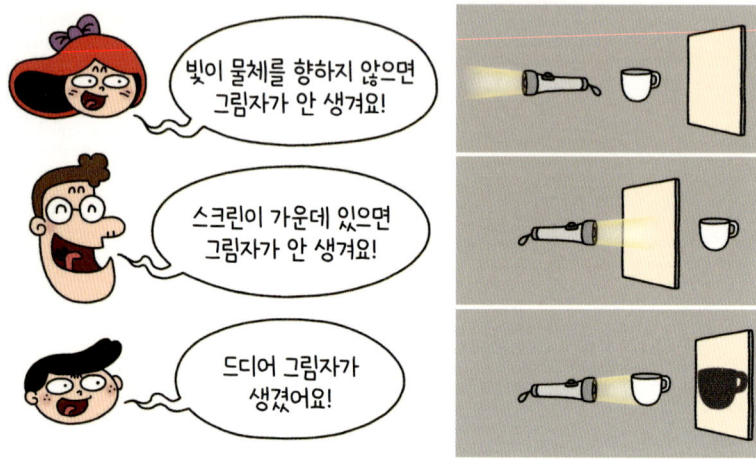

▲ 손전등-물체-스크린 순서로 놓고 물체에 빛을 비추면 그림자가 생겨.

"스크린에 컵 그림자가 생겼어요!"

"봤지? 이처럼 광원에서 나온 빛이 물체를 통과하지 못하면 물체 뒤에 그림자가 생긴단다."

 핵심정리

빛은 직진하는 성질이 있어. 광원에서 나온 빛이 물체에 막혀 통과하지 못하면 물체 뒤쪽에 그림자가 생겨.

그림자는 왜 진하기가 다를까?

"선생님, 그런데 왜 어떤 그림자는 진하고 어떤 그림자는 연한 거예요?"

"좋아, 이제 그림자의 진하기에 대해 알아볼까? 우리 주위에 있는 물체 중에서 그림자가 진한 것과 연한 것을 찾아보자."

아이들은 과학실 여기저기를 살펴보았다.

"사과는 그림자가 진해요!"

"안경에서 안경알은 그림자가 연하고, 안경테는 그림자가 진해요!"

"유리컵은 그림자가 연해요!"

"모두들 잘 관찰했어. 이 중 그림자가 연한 안경알과 유리컵은 공통점이 하나 있어. 그게 뭔지 아는 사람?"

나선애가 가장 먼저 손을 들었다.

"안경알이랑 유리컵은 그 뒤에 있는 물체가 보여요."

"선애 말이 맞아! 유리컵에 음료를 담으면 컵에 담긴 음료가 보이고, 수재가 안경을 쓰면 안경알 뒤에 있는 눈이 보이지. 유리컵이나 안경알처럼 속이나 뒤에 있는 물체가 비쳐 보이는 것을 투명하다고 해."

▲ 물체에 따라 그림자의 진하기가 달라.

"투명 인간 할 때 그 투명이요?"

"하하, 맞아. 영화에 나오는 투명 인간도 뒤에 있는 물체가 그대로 보이니까 투명하다고 하는 거야. 영화가 아니어도 우리 주변엔 투명한 물체가 아주 많아. 색이 없는 비닐이나 유리, 맑은 물처럼 말이지."

"그런데 투명한 물체는 그림자가 왜 연해요?"

"빛은 투명한 물체를 통과하거든."

그러자 나선애가 고개를 갸웃하며 물었다.

"선생님, 그림자는 빛이 물체를 통과하지 못해서 생기는 거라고 하셨잖아요. 빛이 유리를 통과하면 그림자가 안 생겨야지 왜 연한 그림자가 생겨요?"

"투명한 물체라고 빛이 전부 통과하는 건 아니야. 빛의 일부는 통과하지 못해서 유리컵 뒤에 연한 그림자가 생기는 거야."

"아하, 그렇군요!"

"투명한 물체와 반대로 종이 가방이나 도자기 컵처럼 속이나 뒤에 있는 물체가 안 보이는 것을 불투명하다고 해. 불투명한 물체는 빛이 통과하지 못해서 뒤에 진한 그림자가 생기지."

▲ 색이 없는 비닐이나 유리컵은 투명하여 안이 보여.

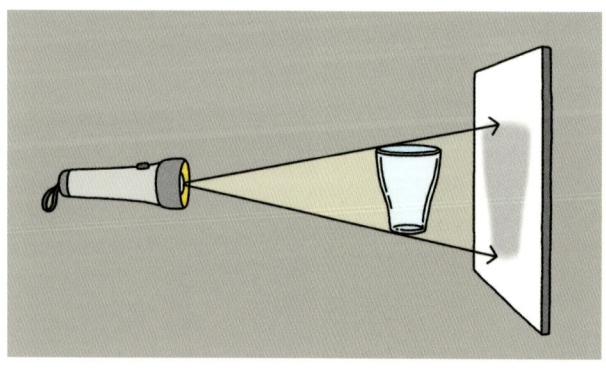

▲ 빛은 유리를 대부분 통과하지만 일부는 통과하지 못해서 유리컵 뒤에 연한 그림자가 생겨.

"사과는 불투명해서 진한 그림자가 생긴 거군요?"

"응. 우리 주변의 물체들은 대부분 불투명하단다."

"암막 커튼을 치면 햇빛이 하나도 안 들어오는데, 암막 커튼도 불투명한 거예요?"

"맞아. 암막 커튼도 불투명한 물체이지."

그러자 곽두기가 하얀 도자기 컵을 가리키며 물었다.

"하얀색 도자기 컵은요? 투명한지 불투명한지 헷갈려요."

"하얀 것과 투명한 것은 달라. 하얀색이어도 도자기 컵은 밖에서 안이 안 보이잖아. 그러니 불투명한 물체야."

"꽃과 잎사귀는 불투명하죠?"

"응, 맞아."

그러자 왕수재가 꽃병을 가리키며 외쳤다.

"아하, 이제 알겠어요! 꽃과 잎사귀는 불투명해서 진한 그림자가 생기고, 물이 든 유리병은 투명해서 연한 그림자가 생기는 거죠?"

"맞아! 이제 드디어 의문이 풀렸구나."

"선생님! 그럼 한지 같은 종이는 투명해요, 불투명해요? 한지는 뒤쪽이 살짝 비치긴 하는데 완전히 보이지는 않잖아요."

"한지는 빛을 통과시키긴 하지만 투명한 물체보

▲ 종이 가방과 도자기 컵은 불투명하여 안이 안 보여.

▲ 꽃과 잎사귀는 불투명하여 진한 그림자가 생기고, 물이 든 유리병은 투명하여 연한 그림자가 생겨.

다는 훨씬 덜 통과시켜. 그래서 완전히 투명하지도, 불투명하지도 않아. 이런 물체를 반투명하다고 말해. 선글라스의 안경알, 색이 있는 유리병, 선팅이 된 유리창 등이 반투명한 물체이지. 우리는 생활 속에서 투명, 불투명, 반투명 물체를 필요에 따라 적절히 이용한단다."

▲ 투명한 유리창을 통해 밖을 훤히 볼 수 있어.

▲ 불투명한 암막 커튼을 치면 방 안이 어두워서 잠을 잘 잘 수 있어.

◀ 반투명한 한지 문은 빛은 적당히 들어오면서 방 안이 들여다 보이지 않아.

 핵심정리

투명한 물체는 빛이 대부분 통과하여 연한 그림자가 생기고, 불투명한 물체는 빛이 통과하지 못해 진한 그림자가 생겨. 투명하지도, 불투명하지도 않은 물체를 반투명하다고 해.

그림자는 물체와 모양이 똑같을까?

용선생은 물을 한 모금 마시고 말을 이었다.

"그림자를 보면 무슨 물체인지 알 수 있을까?"

곽두기가 가장 먼저 손을 들고 말했다.

"그럼요. 그림자는 물체와 모양이 비슷하잖아요."

"두기 말대로 그림자는 물체와 모양이 비슷해. 빛이 직진하기 때문이지. 하지만 같은 물체라도 광원이 어디를 향하는지, 물체가 어떻게 놓여 있는지에 따라 그림자 모양이 달라질 수 있어. 그래서 그림자만 보고 어떤 물체인지 알아내기 어려운 경우도 많단다."

아이들이 "왜요?" 하며 고개를 갸우뚱하자 용선생이 기다렸다는 듯이 머그컵과 손전등을 꺼냈다.

"직접 확인해 보자꾸나. 머그컵을 이리저리 돌려 놓으면서 그림자가 어떻게 달라지는지 보렴."

▲ 그림자 모양과 물체 모양이 비슷한 경우

▼ 머그컵이 놓인 모습에 따라 그림자 모양이 달라져.

▲ 손으로 비둘기 모양의 그림자를 만들었어.

"오, 머그컵을 다르게 놓으니까 그림자 모양이 달라져요. 그림자만 봐서는 어떤 물체인지 모르겠네요."

"그렇단다. 그럼 그림자의 크기는 어떨까? 같은 물체이면 그림자의 크기도 항상 같을까?"

"같은 물체이면 크기도 같을 것 같아요!"

"근데 저녁에 보면 내 그림자가 엄청 길어지던데…… 다를 수도 있지 않나?"

"하하, 실험으로 직접 알아보자. 스크린 앞에 인형을 가만히 놔두고 손전등을 인형에 가까이 했다 멀리 했다 해 볼 거야. 이때 그림자의 크기가 어떻게 변하는지 잘 보렴."

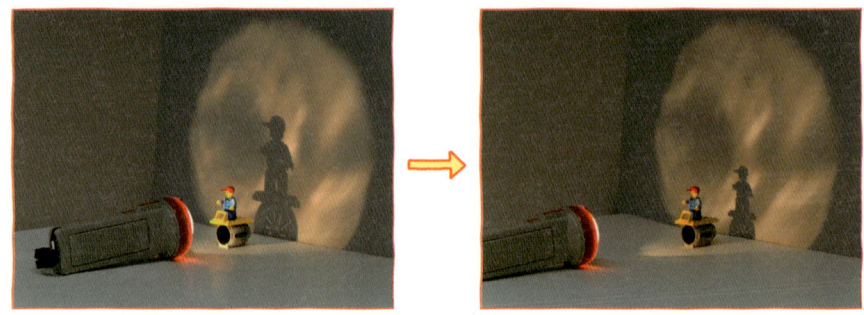

▲ 손전등이 물체에서 멀어지면 그림자가 작아져.

"손전등이 인형에서 멀어질수록 그림자가 작아져요!"

"가까울수록 그림자가 커지고요!"

"이번엔 손전등을 가만히 놔두고 인형만 옮겨 볼게."

▲ 물체가 손전등에서 멀어지면 그림자가 작아져.

"인형을 손전등에서 멀리 하니 그림자가 작아져요."

"맞아. 이처럼 물체와 광원 사이의 거리에 따라 그림자의 크기가 달라져. 광원과 물체가 가까울수록 그림자가 크고, 광원과 물체가 멀수록 그림자가 작지."

이때 장하다가 손을 번쩍 들었다.

"전 아무래도 직접 확인해 봐야 알 수 있을 것 같아요. 밖에 나가서 그림자 관찰 좀 하고 오겠습니다!"

"오, 그럴래? 그럼 오늘 수업은 여기까지 하고, 다 같이 그림자 관찰하러 나가자!"

"좋아요!"

핵심정리

그림자 모양은 빛이 직진하기 때문에 물체 모양과 비슷해. 하지만 광원의 방향과 물체가 놓인 모습에 따라 달라질 수 있어. 그림자의 크기는 광원과 물체 사이의 거리가 가까울수록 크고 멀수록 작아.

나선애의 정리노트

1. 그림자가 생기는 조건
① ⓐ [　　] : 스스로 빛을 내는 물체
② 빛의 ⓑ [　　　] : 빛이 곧게 나아가는 것
③ 광원에서 나와 직진하는 빛이 물체에 막혀 물체를 통과하지 못하면 물체 뒤쪽에 그림자가 생김.
④ ⓒ [　　] 한 물체: 빛이 통과하지 못해 진한 그림자가 생김.
　[예] 도자기 컵, 암막 커튼
⑤ ⓓ [　　] 한 물체: 빛이 대부분 통과해 연한 그림자가 생김.
　[예] 유리컵, 색이 없는 비닐

2. 그림자의 모양
① 빛이 직진하므로 그림자의 모양은 물체의 모양과 비슷함.
② 같은 물체라도 빛의 방향과 물체가 놓인 모습에 따라 달라질 수 있음.

3. 그림자의 크기
① 광원과 물체 사이의 거리에 따라 달라짐.
② 거리가 가까울수록 그림자 크기가 크고, 거리가 멀수록 그림자 크기가 작음.

ⓐ 광원 ⓑ 직진 ⓒ 불투명 ⓓ 투명

과학퀴즈 달인을 찾아라!

●정답은 115쪽에

01

친구들이 이번 시간에 배운 내용에 대해 이야기하고 있어. 옳으면 O, 옳지 않으면 X를 표시해 줘.

① 그림자가 생기려면 빛이 있어야 해. (   )
② 투명한 물체는 빛이 대부분 통과해서 그림자가 연해. (   )
③ 그림자 모양과 물체 모양은 항상 똑같아. (   )

02

허영심이 꽃을 사러 꽃집에 가려고 해. 갈림길에서 동그란 모양의 그림자가 생길 수 있는 물체를 따라 가면 꽃집을 쉽게 찾을 수 있대. 어떻게 가야 하는지 지도에 표시해 줘.

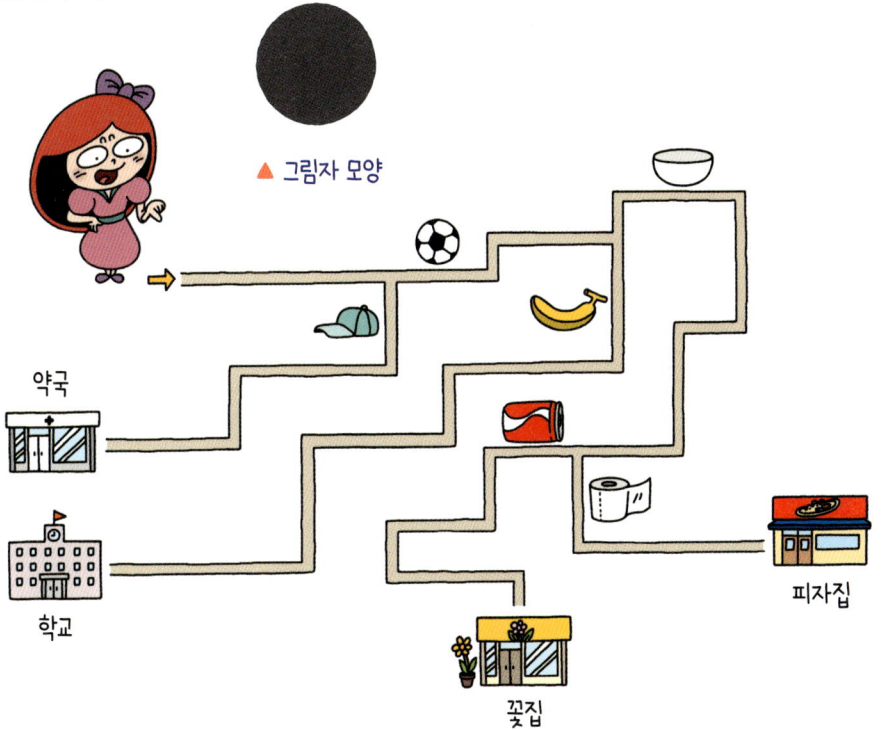

▲ 그림자 모양

2교시 | 색

분수는 어떻게 여러 가지 색을 낼까?

와, 분수 색이 정말 멋져!

물은 색이 없는데, 저 분수는 왜 알록달록할까?

"분수 쇼가 정말 멋졌어!"

왕수재가 여행 때 찍은 분수 쇼 사진을 보여 주며 신이 나서 말했다.

"와, 정말 멋지다! 어쩜 이렇게 분수가 알록달록할까?"

"그러게 말이야. 물에 물감이라도 탔나?"

"에이, 물감을 타서 어떻게 이렇게 빨리 색이 변하냐? 말도 안 돼."

"하긴 그러네……."

그러자 아이들의 대화를 조용히 듣고 있던 용선생이 나섰다.

"그 비밀은 바로 빛에 있지."

"네? 분수의 물 색이 변하는 게 빛 때문이라고요?"

"맞아! 이제부터 빛과 색이 어떤 관계인지 알려 주지!"

눈으로 세상을 볼 수 있는 까닭은?

용선생은 햇빛이 들어오지 않게 암막 커튼을 친 뒤 과학실 형광등을 껐다.

"얘들아, 뭐가 보이지?"

"깜깜해서 아무것도 안 보여요."

아이들이 투덜대자 용선생이 형광등을 켰다.

"맞아. 빛이 없으면 아무것도 볼 수 없지. 우리는 빛이 있어야 물체를 볼 수 있어."

"그 정도는 저희도 알아요."

"하하, 그러니? 아무튼 물체를 보려면 물체에서 나온 빛이 우리 눈으로 들어와야 해. 손전등이나 형광등, 태양 같은 광원은 스스로 빛을 내기 때문에 우리가 볼 수 있어."

"물체에서 나온 빛이 눈으로 들어온다고요? 그럼 빛이 안 나오는 물체는요?"

"그러게요. 광원이 아닌 물체도 많은데, 그런 물체는 어떻게 봐요?"

▲ 광원에서 나온 빛이 우리 눈으로 들어와 광원을 보게 돼.

나선애와 왕수재가 잇달아 물었다.

"지금 막 그 얘기를 하려던 참이지! 다 같이 벽에 걸려 있는 시계를 볼래?"

아이들이 모두 과학실 벽에 걸린 시계를 쳐다보았다. 용선생이 다시 말했다.

"시계는 스스로 빛을 내지 못해. 하지만 형광등에서 나온 빛이 여러 방향으로 직진하다가 시계에 부딪쳐서 일부가 되돌아 나와. 그렇게 되돌아 나온 빛이 우리 눈으로 들어오면 시계가 보이는 거야."

▶ 광원에서 나온 빛이 시계에 부딪쳐 되돌아 나와서 우리 눈으로 들어오면 시계를 볼 수 있어.

"빛이 시계에 부딪쳐 되돌아 나온다고요?"

"그래. 빛이 직진하다가 물체에 부딪치면 마치 튕겨지듯이 방향이 바뀌어서 되돌아 나와. 이런 현상을 빛의 반사라고 해. 광원에서 나온 빛이 물체에 반사돼 우리 눈으로 들어오기 때문에 광원이 아닌 물체도 볼 수 있는 거란다."

그러자 장하다가 눈을 크게 뜨며 말했다.

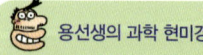

용선생의 과학 현미경

빛의 반사는 빛이 나아가다가 성질이 다른 물질을 만날 때 일어나.

"그럼 지금 제가 보는 모든 것이 물체에 반사돼 제 눈으로 들어온 빛이라는 거예요?"

"그렇지! 스스로 빛을 내는 광원만 빼고 말이야."

그러자 아이들 모두 눈을 동그랗게 뜨고 주위를 두리번거렸다.

> **핵심정리**
>
> 광원에서 나온 빛이 우리 눈으로 들어오면 광원을 볼 수 있어. 광원이 아닌 물체는 광원에서 나온 빛을 반사시키는데, 이렇게 반사된 빛이 우리 눈으로 들어오면 물체를 볼 수 있어.

  화려한 분수 쇼의 비밀은?

용선생이 커튼을 걷자 교실 안으로 햇빛이 들어왔다.

"햇빛이나 형광등의 빛은 한 가지 색이 아니라 여러 가지 색으로 이루어져 있어."

왕수재가 실눈을 뜨고 형광등을 올려다보며 물었다.

"여러 가지 색이라고요? 아무리 봐도 하얀색인데요."

용선생이 싱긋 웃으며 말했다.

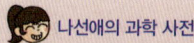
나선애의 과학 사전

백색광 흰 백(白) 빛깔 색(色) 빛 광(光). 하얀색의 빛이라는 뜻이야.

▲ **프리즘** 유리나 플라스틱 등으로 만든 투명한 삼각기둥 모양의 기구야.

▶ **프리즘을 통과한 햇빛이 무지개 색으로 나뉜 모습** 검은색 도화지에 구멍을 낸 뒤 구멍을 통과한 햇빛이 프리즘을 통과하게 해.

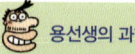
용선생의 과학 현미경

햇빛 안에 빨주노초파남보 일곱 가지 빛깔만 있는 건 아니야. 그 사이사이 무수히 많은 빛깔이 있어.

"여러 가지 색의 빛이 고르게 섞여 하얀색으로 보이는 거야. 이런 빛을 **백색광**이라고 하지. 햇빛이나 형광등의 빛은 모두 백색광이란다. 햇빛에 어떤 색이 들어 있는지 알아보기 위해 직접 빛을 나눠 볼까?"

"빛을 나눠요? 어떻게요?"

"바로 이걸 이용해서 말이지. 짠!"

용선생이 프리즘을 꺼내자 아이들이 신기하게 쳐다봤다.

"프리즘을 이용해 빛을 나눌 수 있어. 햇빛이 프리즘을 통과하면 어떻게 되는지 보렴."

"와, **빨주노초파남보** 무지개 색이 됐어요!"

"하얀색으로 보이는데 저렇게 여러 색의 빛이 들어 있다니, 신기하다!"

▲ 공기 중에 있는 수많은 작은 물방울이 프리즘 역할을 하여 무지개가 만들어져.

"프리즘뿐 아니라 공기 중에 있는 작은 물방울도 햇빛을 여러 가지 색의 빛으로 나눌 수 있어. 그래서 생기는 게 바로 무지개란다."

나선애가 고개를 갸웃하며 물었다.

"왜 여러 가지 색의 빛이 섞이면 하얀색 빛이 돼요?"

"서로 다른 색의 빛이 합해지면 또 다른 색의 빛이 돼. 마치 두 가지 색 물감을 섞으면 다른 색이 되는 것처럼 말이야. 이것을 빛의 합성이라고 해. 빛은 여러 색을 합할수록 색이 밝아지지."

용선생은 서랍에서 손전등 세 개를 꺼냈다.

"자, 이건 각각 빨간색, 초록색, 파란색 빛만 나오는 손전등이야. 각 손전등에서 나오는 빛을 합성해 보자."

 곽두기의 낱말 사전

합성 합할 합(合) 이룰 성(成). 둘 이상의 것이 합쳐져 하나를 이룬다는 뜻이야.

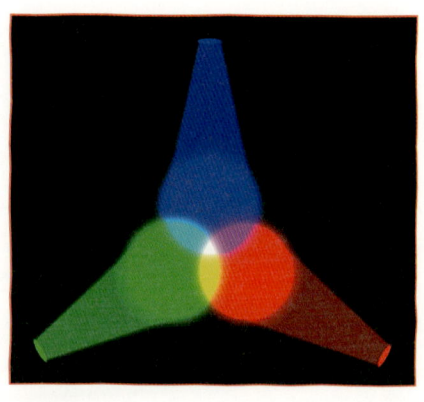

▲ 빛의 합성   ▲ 빛의 삼원색

"와! 빛이 겹치니까 새로운 색이 돼요!"

"세 가지 색이 모두 겹치니 하얀색이 돼요!"

"그래. 빨간색, 초록색, 파란색, 이 세 가지 색의 빛만 있으면 우리가 볼 수 있는 모든 색의 빛을 만들 수 있어. 그래서 이 세 가지 색의 빛을 빛의 삼원색이라고 해."

용선생은 컴퓨터 화면을 가리키며 말을 이었다.

"컴퓨터 화면에서 나오는 색은 모두 빛의 삼원색을 이용하여 만들어져. 컴퓨터 화면은 '화소'라고 하는 아주 작은 점들로 채워져 있는데, 각 화소는 빨간색, 초록색, 파란색 빛을 낼 수 있어. 이 세 가지 빛을 적절히 합성하여 다양한 색을 만드는 거야."

아이들이 고개를 끄덕이자 용선생이 말을 이었다.

"예를 들어 화소에서 초록색과 빨간색 빛이 나오면 노란

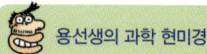

용선생의 과학 현미경

물감에도 모든 색을 만들 수 있는 세 가지 색이 있어. 바로 청록색, 자홍색, 노란색이지. 이를 물감의 삼원색 또는 색의 삼원색이라고 해. 물감은 여러 색을 합할수록 어두워져.

▲ 물감의 삼원색

▲ 컴퓨터 화면의 화소에서 색을 만드는 원리

색이 되고, 세 가지 색의 빛이 모두 고르게 나오면 하얀색이 돼. 아무 빛도 안 나오면 검은색이지."

"단 세 가지 색의 빛으로 화면의 모든 색을 만든다니, 정

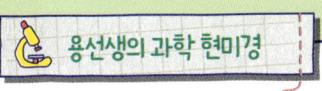

왜 빨간색, 초록색, 파란색이 빛의 삼원색일까?

좀 더 자세히 들여다볼까?

빛의 삼원색이 빨간색, 초록색, 파란색인 까닭은 우리 눈과 관련이 있어. 우리 눈에는 빛의 색을 느끼는 세 종류의 세포가 있어. 이 세포들은 각각 빨간색, 초록색, 파란색 빛을 가장 잘 느껴.

빛이 우리 눈에 들어오면 이 세포들은 각각 빨간색, 초록색, 파란색 빛이 얼마나 강한지 알아내어 뇌에 전달해. 그럼 뇌는 그것이 어떤 색인지 판단하지. 예를 들어 노란색 빛이 들어오면 빨간색과 초록색을 느끼는 세포가 뇌에 신호를 보내서 뇌가 노란색이라고 판단하는 거야.

노란색 빛

내 신호를 받아!
내 것도 받아!

말 놀랍네요!"

"그렇지? 텔레비전, 스마트폰의 화면 등 영상 장치는 모두 그런 원리로 빛을 내보내. 분수 쇼는 빛을 합성하여 만든 조명을 분수에 비춰 여러 가지 색을 낸단다. 무대 조명이나 대형 전광판도 빛의 합성을 이용하지."

빨간색, 초록색, 파란색 빛을 적절하게 합성하면 모든 색의 빛을 만들 수 있어. 이 세 가지 색의 빛을 빛의 삼원색이라고 해.

 ## 빨간색 풍선은 왜 빨갛게 보일까?

용선생은 화면에 빨간색 풍선 사진을 띄웠다. 그리고 빨간색 풍선을 꺼내어 불었다.

"선생님, 사진이 있는데 왜 또 빨간색 풍선을 부세요?"

"화면 속 풍선과 실제 풍선은 둘 다 빨간색이지만, 두 풍선이 빨간색으로 보이는 원리는 다르단다. 화면 속 풍선은 왜 빨간색으로 보일까?"

"방금 배웠어요. 화면에서 빨간색 빛이 나와서 빨간색으로 보이는 거예요!"

"맞아. 컴퓨터 화면은 광원이야. 우리는 광원에서 나오는 빨간색 빛을 보는 거지. 그렇다면 방금 분 풍선은 왜 빨간색으로 보일까?"

"그건…… 잘 모르겠어요. 선생님이 알려 주세요."

왕수재가 머리를 긁적이며 말했다.

"하하, 그래. 풍선은 광원이 아니야. 우리는 풍선에 반사돼 우리 눈으로 들어오는 빛을 보는 거지. 이때 백색광을 이루는 모든 색의 빛이 다 반사되는 게 아니라 풍선에 흡수되는 색도 있어. 반사된 색의 빛만 우리 눈으로 들어와서 그 색으로 보이는 거야."

"그럼 빨간색 풍선은 여러 가지 색의 빛 중 빨간색 빛만 반사해서 빨갛게 보이는 거예요?"

"맞아."

"그럼 초록색 잎은 초록색 빛만 반사해요?"

"그렇지! 다른 물체도 마찬가지야. 우리가 보는 물체의

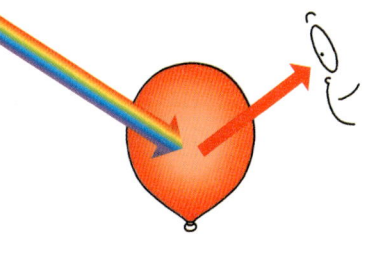

▲ 빨간색 풍선은 빨간색 빛만 반사해 빨간색으로 보여.

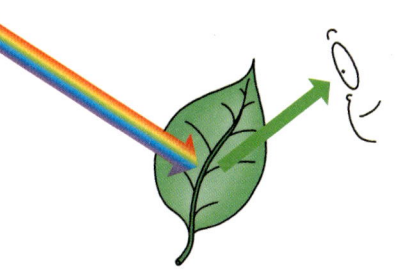

▲ 초록색 잎사귀는 초록색 빛만 반사해 초록색으로 보여.

▲ 물체가 모든 색의 빛을 반사하면 하얀색으로, 모든 색의 빛을 흡수하면 검은색으로 보여.

색은 그 물체가 반사한 빛의 색이란다. 만일 물체가 모든 색의 빛을 반사하면 하얀색으로, 모든 색의 빛을 흡수하면 검은색으로 보이지."

아이들이 고개를 끄덕이자 용선생이 말했다.

"재밌는 실험을 하나 더 해 보자. 빨간색 풍선에 여러 다른 색의 조명을 비추면 어떤 색으로 보이는지 보렴."

용선생은 하얀색 종이에 빨간색 풍선을 올려놓았다. 그리고 과학실을 어둡게 만든 뒤, 빨간색, 초록색, 파란색 조명을 각각 풍선에 비췄다.

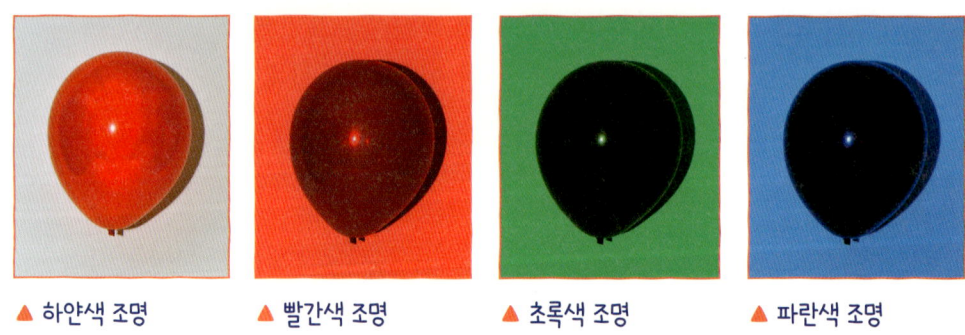

▲ 하얀색 조명　　▲ 빨간색 조명　　▲ 초록색 조명　　▲ 파란색 조명

"어? 초록색 조명과 파란색 조명에서는 풍선이 검은색으로 보여요. 왜 그러죠?"

"빨간색 풍선은 빨간색 빛만 반사하고 나머지는 흡수해.

그런데 초록색이나 파란색 조명을 비추면 풍선이 반사할 빛이 없으니 검은색으로 보이는 거야."

"그럼 하얀색 종이는요? 하얀색 종이는 초록색이면 초록색, 파란색이면 파란색, 조명 색이랑 똑같잖아요?"

"맞아. 하얀색 종이는 항상 조명과 같은 색으로 보여. 모든 색의 빛을 그대로 반사하거든. 빨간색 조명을 비추면 빨간색 빛을 반사해서 빨간색으로 보이고, 초록색 조명을 비추면 초록색 빛을 반사해서 초록색으로 보이지. 백색광을 비추면 모든 색의 빛을 반사해서 하얀색으로 보이고 말이야."

그러자 장하다가 좋은 생각이 난 듯 눈을 반짝이며 용선생에게 말했다.

"선생님, 오늘 초록색 조명 저 빌려주시면 안 될까요?"

"초록색 조명? 왜? 어디에 쓰려고?"

"이따 집에 가서 떡볶이에 비추려고요. 그럼 동생이 맛없어 보여서 안 먹는다고 할 거 같아요."

"오, 장하다! 이럴 땐 엄청 똑똑한걸?"

나선애의 말에 아이들이 모두 깔깔거리며 웃었다.

> 우리 눈에 보이는 물체의 색은 그 물체가 반사하는 빛의 색이야. 물체의 색은 조명의 색에 따라 달라질 수 있어.

 나선애의 정리노트

1. 물체를 보는 과정
① 빛의 ⓐ : 빛이 직진하다가 물체에 부딪쳐 방향이 바뀌어서 되돌아 나오는 현상
② 광원인 물체: 광원에서 나온 빛이 우리 눈으로 들어와 볼 수 있음.
③ 광원이 아닌 물체: 광원에서 나온 빛이 물체에 반사돼서 우리 눈으로 들어와 볼 수 있음.

2. 빛의 색
① ⓑ : 여러 가지 색의 빛이 고르게 섞여 하얀색으로 보이는 빛
예 햇빛, 형광등의 빛
② 빛의 ⓒ : 서로 다른 두 가지 색 이상의 빛이 합쳐져 또 다른 색의 빛으로 보이는 현상
③ 빛의 ⓓ : 빨간색, 초록색, 파란색 빛으로, 이를 적절하게 합성하면 우리가 볼 수 있는 모든 색의 빛을 만들 수 있음.

3. 물체의 색
① 빛이 물체에 부딪치면 일부는 흡수되고 일부는 반사됨.
② 우리가 보는 물체의 색은 물체가 반사하는 빛의 색임.

ⓐ 반사 ⓑ 백색광 ⓒ 합성 ⓓ 빛의 삼원색

 과학퀴즈 달인을 찾아라!

●정답은 115쪽에

01

친구들이 이번 시간에 배운 내용에 대해 이야기하고 있어. 옳으면 O, 옳지 않으면 X를 표시해 줘.

① 햇빛은 여러 가지 색의 빛으로 이루어졌어. (   )
② 컴퓨터 화면은 노란색, 빨간색, 파란색 빛을 이용해서 모든 색을 만들어. (   )
③ 검은색 물체는 모든 색의 빛을 흡수해. (   )

02

파란색 풍선에 여러 가지 색의 조명을 비추었어. 각각의 풍선이 어떤 색으로 보일지 색을 칠해 봐.

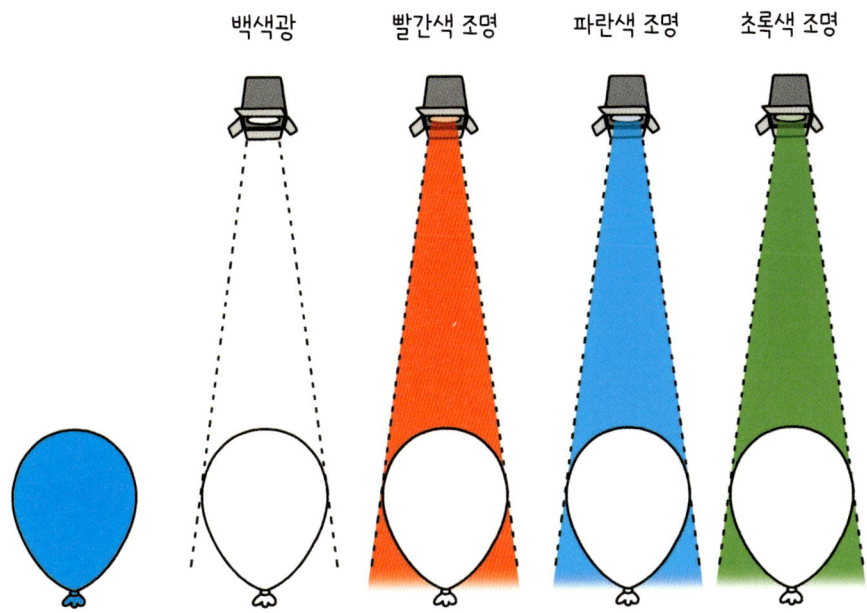

 용선생의 과학 카페   용선생의 한국사 카페   용선생의 세계사 카페

https://cafe.naver.com/yongyong

용선생의 과학 카페

과학계의 핵인싸,
용선생의 과학 카페에
오신 걸 환영합니다.

[Log in]

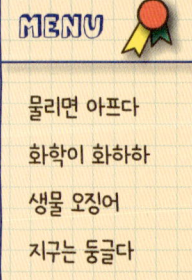

MENU
물리면 아프다
화학이 화하하
생물 오징어
지구는 둥글다

셀로판지와 신호등의 공통점은?

셀로판지를 가지고 논 적 있니? 알록달록한 색이 있는 셀로판지는 색종이처럼 색이 있지만, 투명한 유리처럼 그 뒤에 있는 물체를 볼 수 있어. 이런 물체를 반투명하다고 했지? 색이 있으면서도 뒤쪽이 비치는 비밀은 뭘까?

▲ 셀로판지

유리는 모든 색의 빛을 통과시켜서 색이 없고 투명해. 반면 빨간색 셀로판지는 빨간색 빛만 통과시키고 나머지는 흡수해. 그래서 우리 눈에 빨간색으로 보이는 동시에 뒤에 있는 물체가 비쳐 보이지. 빨간색 색종이는 빨간색 빛만 반사하고 나머지는 흡수해. 그래서 빨간색으로 보이면서 통과하는 빛이 없어 불투명해.

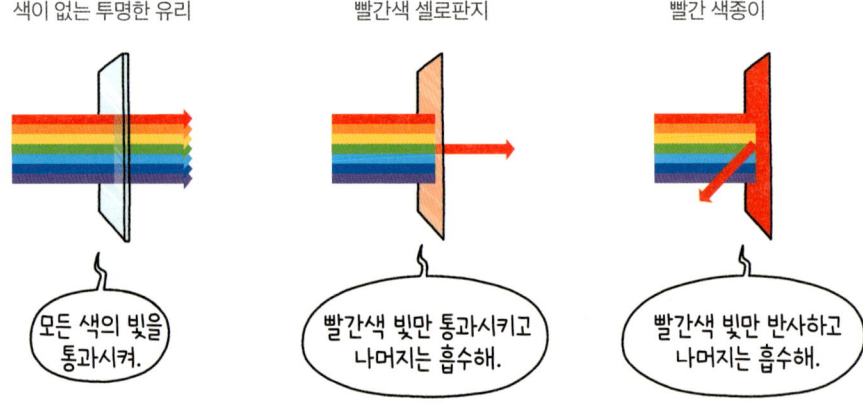

유리 중에는 셀로판지처럼 색이 있는 반투명한 유리가 있는데, 이걸 색유리라고 해. 우리 주변에는 색유리를 이용한 물체가 아주 많아.

장하다의 오답을 피하는 방법

나선애의 야무진 실험실

왕수재의 아는 척 과학교실

허영심의 별 헤는 밤

곽두기의 빅뱅 따라잡기

▲ 신호등

▲ **색이 있는 유리병** 안에 뭐가 들어 있는지 쉽게 알 수 있고, 약이나 음료가 빛을 받아 변하는 걸 막아 줘.

도로의 신호등도 그중 하나야. 빨간색, 노란색, 초록색 신호등 안에는 똑같은 전구가 들어 있지만, 전구 바깥에 빨간색, 노란색, 초록색 색유리가 있어. 그래서 우리 눈에 빨간색, 노란색, 초록색 불로 보이는 거야. 색이 있는 유리병과 아름다운 무늬를 가진 스테인드글라스도 색유리를 이용해 만든단다.

◀ 스테인드글라스

COMMENTS

스테인드글라스 정말 멋져!

└ 우리도 창문에 셀로판지 붙여서 만들자!

└ 좋아, 콜!

3교시 | 거울

도로에 왜 볼록한 거울을 설치할까?

저기 도로에 거울이 있네!

근데 저 거울은 왜 볼록하지?

"어? 저기 구석에 거울이 있어!"

편의점에서 이것저것 둘러보던 곽두기가 천장에 달린 거울을 가리키며 외쳤다.

"정말! 왜 천장에 거울을 달아 놨을까?"

"저건 물건을 몰래 가져가는 걸 막으려고 달아 놓은 거야."

왕수재가 목에 힘을 주며 말하자 허영심이 거울을 뚫어지게 바라보며 말했다.

"정말 그런가 봐! 거울에 편의점 안이 훤히 비쳐 보여!"

"근데 저 거울은 왜 평평하지 않고 볼록하게 튀어나왔어, 형?"

곽두기의 물음에 왕수재가 잠시 생각에 잠겼다.

"음……. 그건 내일 용선생님께 여쭤보자."

"좋아!"

거울 속의 나는 무엇이 다를까?

다음 날 왕수재의 설명을 들은 용선생이 고개를 끄덕이며 말했다.

"편의점에 있는 보안 거울 말이구나? 마트나 서점에도 그런 거울이 있지. 수재 말대로 거울을 통해 가게 안을 한눈에 볼 수 있어서 누군가 물건을 훔치려고 하면 점원이 바로 알아챌 수 있어."

"화장실 세면대에 있는 거울은 평평한데, 편의점에 있는 거울은 왜 볼록하게 생겼어요?"

"편의점에 있는 보안 거울처럼 거울 면이 볼록하게 나와 있는 거울을 '볼록 거울'이라고 해. 반면에 화장실 세면대 거울처럼 거울 면이 평평한 거울은 '평면거울'이라고 하지. 편의점 거울이 왜 볼록한지 배우기 전에 주변에서 가장 흔히 볼 수 있는 평면거울부터 알아보자."

"네, 좋아요!"

"우리가 물체를 어떻게 보게 되는지 지난 시간에 배운 것 기억하니?"

"네, 물론이죠! 광원에서 나온 빛이 물체에 반사되어 우리 눈으로 들어오면 물체를 보게 되죠."

▲ 세면대 거울은 거울 면이 평평한 평면거울이야.

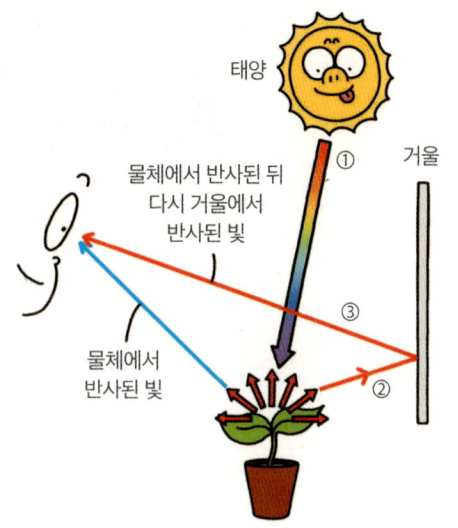

▲ 거울로 물체를 보는 과정

나선애가 노트를 뒤적이며 말했다.

"맞아. 그런데 거울을 통해서 물체를 볼 때에는 과정을 하나 더 거쳐. 물체에서 반사된 빛이 거울에서 다시 반사되어 우리 눈에 들어오거든. 저 거울을 보렴."

아이들이 교실 벽에 걸린 평면거울 앞으로 모여 들었다. 거울 속 곽두기를 보고 장하다가 장난스럽게 말했다.

"두기야, 너 언제 거울 속에 들어갔니?"

장하다의 말에 아이들이 키득거렸다. 곽두기가 진지한 표정으로 물었다.

"선생님, 거울로 보면 왜 물체가 거울 속에 있는 것처럼 보여요?"

"빛은 반사될 때 방향이 바뀌지만 우리 뇌는 늘 빛이 직진해 오는 것으로 판단하거든. 그래서 빛이 거울에서 눈으로 들어온 길을 거울 뒤로 쭉 이은 곳에 물체가 있는 것으로 착각해. 실제 물체는 거울 속이 아니라 밖에 있는데 말이야."

"아하, 그렇군요."

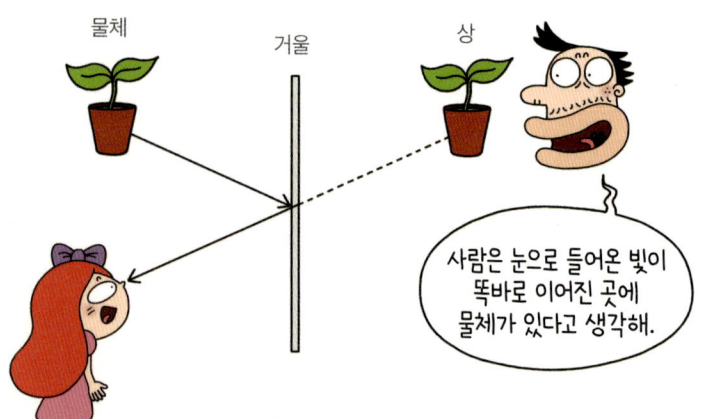

▲ 거울 속에 물체가 있는 것처럼 보이는 까닭

"거울 속에 생기는 물체의 모습을 '상'이라고 해. 평면거울에 의한 상은 항상 실제 물체와 크기가 같고, 거울과 떨어진 거리도 같아."

"맞아요! 거울에서 멀어지면 거울 속의 저도 멀어지거든요!"

곽두기가 뒤로 몇 발짝 물러나며 말했다. 이때 거울을 유심히 바라보던 나선애가 스마트폰 카메라로 거울 속의 자기 모습을 찍어 보더니 외쳤다.

"선생님, 이거 보세요! 거울 속의 저는 실제 제 모습과

▲ 평면거울에 비치는 상은 실제 물체와 크기가 같고 거울과 떨어진 거리도 같아.

용선생의 과학 현미경

빛은 어느 방향으로 반사될까?

빛은 물체에서 반사될 때 아무 방향으로나 반사되지 않고 정해진 방향으로만 반사돼. 거울 면과 직각(90°)을 이루는 선이 있다고 할 때, 이 선을 기준으로 빛이 물체를 향해 들어갈 때의 각과 물체에 반사되어 나올 때의 각이 항상 같지. 이걸 '반사 법칙'이라고 해. 빛이 거울에서 반사될 때에도 반사 법칙을 따른단다.

▲ **반사 법칙** 빛이 물체에 들어갈 때의 각과 반사될 때의 각은 항상 같아.

뭔가 다른 것 같은데요……. 아, 글자가 거꾸로 됐어요!"

"선애가 아주 예리하구나! 평면거울로 보면 위아래는 그대로이고 좌우가 바뀐단다. 가방을 왼손에 들고 거울을 보면, 거울 속에서는 오른손에 가방을 들고 있는 모습으로 보이지."

▶ 평면거울로 보면 좌우가 바뀌어 보여.

"어쩐지 거울을 보면 제 모습이 어딘가 달라 보이더라고요. 좌우가 바뀌어서 그런 거였군요?"

"맞아. 이런 점 때문에 구급차에 쓰는 글자는 도로의 차들이 거울로 볼 때 똑바로 보이라고 일부러 좌우를 거꾸로 쓰기도 해."

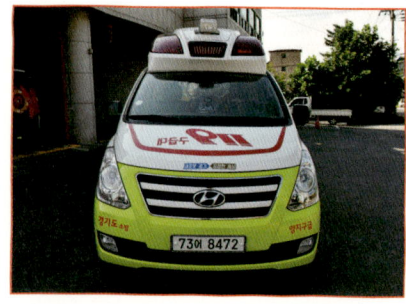

▲ 구급차 앞부분 글자 좌우를 바꾸어 써.

▲ 자동차 뒷거울로 구급차를 보면 좌우가 바뀌어서 글자가 똑바로 보여.

"오! 거울의 원리를 이용해서 일부러 글자를 거꾸로 쓰는 경우도 있군요!"

평면거울에 비치는 상은 실제 물체와 크기가 같고 거울로부터 떨어진 거리도 같아. 또, 위아래는 그대로인데 좌우가 바뀌어 보여.

 ## 편의점 거울이 볼록한 까닭은?

이때 왕수재가 손을 번쩍 들고 물었다.

"근데 편의점에 있는 거울로 보면 왜 가게 안을 훤히 볼 수 있는 거예요? 평면거울은 안 그런데요."

"볼록 거울과 평면거울은 빛이 반사되는 모습이 달라. 볼록 거울로 볼 때에는 평면거울보다 더 넓은 범위를 볼 수 있지. 평면거울과 볼록 거울에 빛이 나란히 들어올 때 반사되는 모습이 어떻게 다른지 볼까?"

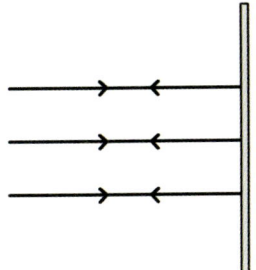

▲ 평면거울은 나란히 들어오는 빛을 나란히 내보내.

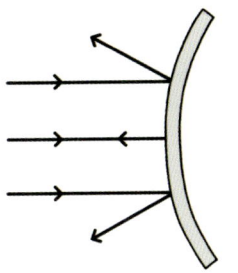

▲ 볼록 거울은 나란히 들어오는 빛을 넓게 퍼뜨려.

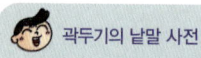

곽두기의 낱말 사전

경로 지날 경(經) 길 로(路). 어떤 것이 지나가는 길을 말해.

"평면거울은 빛이 다시 나란히 나아가요."

"볼록 거울은 빛이 퍼져요."

"맞아. 이처럼 볼록 거울과 평면거울은 반사된 빛의 경로가 다르단다. 볼록 거울은 평면거울과 달리 나란히 들어오는 빛을 넓게 퍼뜨리지. 볼록 거울과 평면거울에 비치는 모습은 어떻게 다른지 비교해 보자."

▶ 평면거울에 비치는 상

▶ 볼록 거울에 비치는 상

물체가 가까이 있을 때   물체가 멀리 있을 때

"볼록 거울로 보니 실제보다 작아 보여요."

"그 대신 더 넓은 곳까지 보여요."

"또, 둘 다 물체가 거울에서 멀어질수록 상이 작아져요."

"맞아. 평면거울은 상의 크기가 실제 크기와 같지만 볼록 거울은 상의 크기가 실제 크기보다 작아. 그 대신 평면

거울보다 넓은 범위의 상이 거울 안에 들어올 수 있지. 그래서 볼록 거울은 넓은 범위를 비출 수 있단다."

"아하, 그래서 서점이나 편의점에서 볼록 거울을 쓰는 거군요? 넓은 범위를 볼 수 있으니까요."

왕수재의 말에 용선생이 고개를 세차게 끄덕였다.

"맞아. 이러한 장점 때문에 도로가 구부러진 곳에도 볼록 거울을 설치해. 반대편에서 오는 차가 잘 보이게 말이야. 이것을 도로 안전 거울이라고 하지."

"운전하면서 구부러진 길 너머까지 볼 수 있게 볼록 거울을 설치한 거군요!"

"응. 그뿐만 아니라 자동차 옆면에 달린 측면 거울 중에도 볼록 거울이 있어. 이러한 거울에는 사물이 거울에 보이는 것보다 가까이 있음이라는 문구가 적혀 있지. 볼록 거울로 보면 운전자가 더 넓은 범위를 볼 수 있는 한편, 물체가 실제보다 작게 보여서 더 멀리 있다고 착각하기 쉽거든."

용선생의 과학 현미경

이런 문구가 안 적힌 측면 거울은 평면거울이야.

▼ 볼록 거울을 이용하는 예

상점 보안 거울

도로 안전 거울

자동차 측면 거울

평면거울 / 볼록 거울

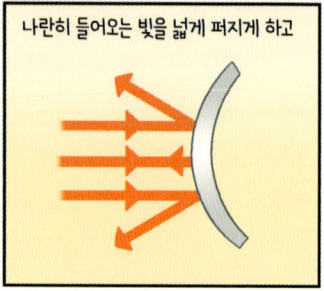

나란히 들어오는 빛을 넓게 퍼지게 하고

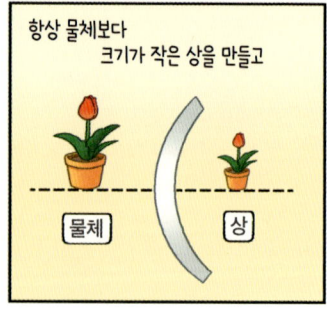

항상 물체보다 크기가 작은 상을 만들고

물체 / 상

넓은 범위를 비출 수 있어서 쓰임새가 아주 많다고!

편의점 보안 거울 / 자동차 측면 거울 / 도로 안전 거울

"저희 집 차 측면 거울에도 그런 문구가 있는데, 이제 그게 왜 적혀 있는지 확실히 알았네요!"

핵심정리

볼록 거울은 나란히 들어오는 빛을 넓게 퍼뜨려. 볼록 거울은 상의 크기가 실제 크기보다 작고, 넓은 범위를 비출 수 있어.

 거울로 물을 끓일 수 있을까?

"볼록 거울과는 반대로 거울 면이 오목하게 들어가 있는 거울도 있어. 이런 거울을 '오목 거울'이라고 해. 오목 거울을 이용한 재밌는 도구가 있는데, 혹시 뭔지 아니?"

"선생님! 아직 오목 거울이 뭔지 설명도 안 해 주셨는데 오목 거울을 이용한 도구가 뭔지 저희가 어떻게 알아요?"

"하하, 이런! 선생님이 마음이 급했구나. 불이 없을 때 물을 끓이거나 음식을 조리하는 태양열 조리기에 오목 거울이 이용된단다."

"태양열 조리기요?"

용선생이 화면에 사진을 띄우자 장하다가 외쳤다.

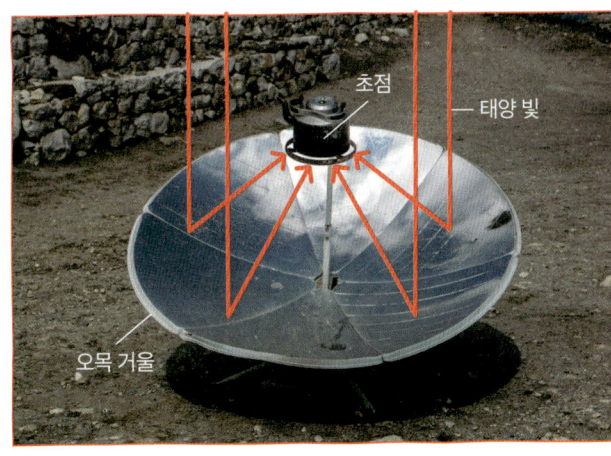

▲ 태양열 조리기의 원리 초점에 냄비를 놓고 태양열을 모아.

"어? 전에 텔레비전에서 저거랑 비슷한 모양의 거울로 정글에서 라면을 끓이는 걸 본 적이 있어요."

"어떻게 거울로 물을 끓여요?"

"오목 거울은 빛을 모으는 성질이 있거든. 오목 거울에 빛이 나란히 들어오면 빛이 거울에 반사되어 한곳에 모여. 이곳을 '초점'이라고 해."

"볼록 거울은 빛을 여러 방향으로 퍼뜨렸는데 오목 거울은 모은다니, 완전 반대네요!"

"생긴 게 반대라 빛이 반사되는 모습도 반대인가요?"

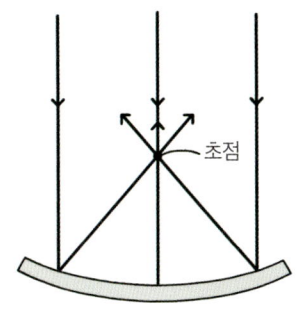

▲ 오목 거울은 나란히 들어오는 빛을 초점에 모아.

"그렇단다. 오목 거울의 초점에 냄비를 놓으면 햇빛이 초점으로 모여. 그럼 태양열이 모아져 냄비가 뜨거워져. 이렇게 모인 열로 물을 끓일 수 있지."

"거울로 물을 끓이는 원리가 바로 그거였군요?"

"응. 반대로 오목 거울의 초점에 전구를 놓으면 전구의 빛이 거울에 반사되어 한 방향으로 나란히 나아간단다."

"반사된 빛이 나란히 나아간다고요?"

"응. 손전등이나 자동차의 전조등도 그 안에 오목 거울이 있어서 빛이 한 방향으로 나란히 나아가. 그럼 빛을 더 멀리까지 밝게 비출 수 있지."

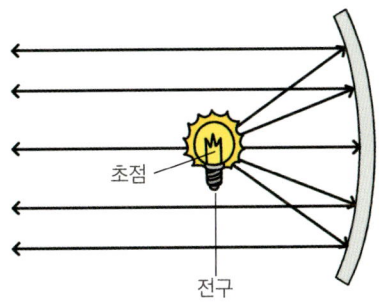

▲ 초점에 전구를 놓으면 빛이 오목 거울에 반사되어 나란히 나아가.

 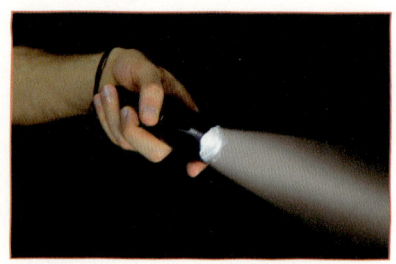

▲ 전등 안에 있는 오목 거울로 먼 곳까지 빛을 비춰.

용선생이 말을 마치고 갑자기 숟가락을 나눠 주었다.

"오목 거울로 보면 물체가 어떻게 보이는지 알아보자. 숟가락의 오목한 면을 얼굴에 가까이 했다 멀리 했다 해 보렴. 오목한 면이 오목 거울과 비슷하거든."

▲ 숟가락 앞면은 오목 거울, 뒷면은 볼록 거울과 같아서 다른 모양의 상이 생겨.

아이들이 숟가락으로 자신의 모습을 보며 말했다.

"숟가락을 가까이 하니까 얼굴이 엄청 커 보여요."

"어? 근데 숟가락을 멀리 하니까 얼굴이 거꾸로 보여요! 또 점점 작아지고요."

"오목 거울은 물체와 거울 사이의 거리에 따라 상이 달라져. 물체가 거울과 가까이 있으면 물체보다 크고 바로 선 상이 생기고, 멀어지면 상이 위아래가 거꾸로 선 채로 점점 작아진단다."

▲ 오목 거울에 비치는 상 물체가 거울에 가까우면 크고 바로 선 상이 생기고, 멀어지면 위아래가 거꾸로 선 채로 상이 점점 작아져.

아이들이 고개를 끄덕이자 용선생이 다시 말했다.

"오목 거울은 가까이 하면 크게 보이는 점 때

문에 물체를 자세히 봐야 할 때 많이 써. 화장실이나 화장대에 놓고 쓰는 거울처럼 말이지."

"아, 그게 오목 거울이었군요?"

"응. 어른들이 면도를 하거나 화장할 때 오목 거울을 이용하면 얼굴을 크고 자세히 볼 수 있거든."

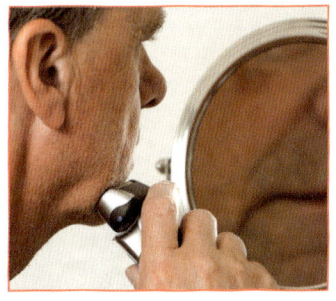

▲ 오목 거울로 물체를 크게 확대해서 볼 수 있어.

"선생님도 오목 거울 하나 마련하시는 게 어때요?"

나선애가 거뭇거뭇한 용선생의 수염을 쳐다보며 말하자 아이들이 키득거렸다.

"그럴까? 말 나온 김에 하나 장만해야겠다. 이 멋진 수염을 자세히 들여다볼 수 있게 말이야!"

 핵심정리

> 오목 거울은 빛을 모으거나 먼 곳까지 비출 수 있어. 물체가 오목 거울에 가까이 있을 때에는 물체보다 크고 바로 선 상이 생기고, 멀리 있을 때에는 위아래가 거꾸로 선 상이 생겨.

나선애의 정리노트

1. 거울로 물체를 보는 과정
① 물체에 반사된 빛이 거울에 다시 반사되어 우리 눈으로 들어오면 거울에 비친 물체를 볼 수 있음.
② ⓐ ☐ : 거울에 비치는 물체의 모습

2. ⓑ ☐ 거울
① 상의 크기가 물체의 크기와 항상 같음.

3. 볼록 거울
① 나란히 들어오는 빛을 반사해 넓게 퍼뜨림.
② 상의 크기가 물체의 크기보다 항상 작고, ⓒ ☐ 범위를 볼 수 있음.
  [예] 상점 보안 거울, 도로 안전 거울, 자동차 측면 거울

4. 오목 거울
① 나란히 들어오는 빛을 반사해 ⓓ ☐ 에 모음.
  • 이용: 태양열 조리기
② 초점에 전구를 놓으면 빛이 나란히 나아가 빛을 먼 곳까지 비출 수 있음.
  • 이용: 손전등, 자동차 전조등
③ 물체가 거울에 가까이 있을 때에는 물체보다 크고 바로 선 상이 생김.
  [예] 화장용 확대 거울
④ 물체가 거울에서 멀리 있을 때에는 위아래가 거꾸로 선 상이 생김.

ⓐ 상 ⓑ 평면 ⓒ 넓은 ⓓ 초점

 # 과학퀴즈 달인을 찾아라!

●정답은 115쪽에

01

친구들이 이번 시간에 배운 내용에 대해 이야기하고 있어. 옳으면 O, 옳지 않으면 X를 표시해 줘.

① 평면거울은 상의 크기가 물체의 크기보다 작아 보여. (   )
② 볼록 거울은 나란히 들어오는 빛을 반사해 넓게 퍼뜨려. (   )
③ 오목 거울로 빛을 모을 수 있어. (   )

02

허영심이 평면거울을 보고 있어. 영심이가 거울에 비친 모습에서 잘못된 부분을 두 군데 찾아 표시해 줘.

4교시 | 빛의 굴절

물속에 있는 다리가 짧아 보이는 까닭은?

꼬마가 물놀이를 하나 봐!

근데 뭔가 이상해 보이지 않아?

"하다 빨대 좀 봐! 이상해!"

빨대로 유리컵의 물을 마시고 있는 장하다를 가리키며 허영심이 말했다.

"정말! 꺾인 빨대로 물 마시기 묘기라도 하니? 하하하!"

"무슨 소리야! 빨대는 멀쩡해. 이렇게 물이 잘 빨리는걸!"

장하다는 쪽쪽 소리를 내며 물을 남김없이 마셨다.

"어? 아까 분명히 빨대가 꺾여 보였는데, 지금은 멀쩡해! 어떻게 된 거지?"

그때 아이들의 대화를 뒤에서 듣고 있던 용선생이 큰 소리로 웃으며 말했다.

"하하하, 빨대가 꺾인 게 아니라 빛이 나아가는 방향이 꺾여서 그렇게 보인 거란다."

 ## 빛이 나아가다 다른 물질을 만나면?

"지난번에 빛은 직진한다고 하셨잖아요. 어떻게 빛의 방향이 꺾일 수가 있어요?"

허영심의 말에 다른 아이들도 고개를 끄덕였다.

"좋아. 그럼 빛의 진행 방향이 꺾이는 걸 실험해 보자."

용선생은 물이 담긴 수조에 우유를 한 방울 떨어뜨리고 물 위에 향 연기를 피운 뒤, 투명 아크릴판으로 수조를 덮었다.

"이제 레이저 빛을 비춰 볼게."

▲ 빛이 물 표면에 수직으로 들어갈 때

"에이, 빛이 직진하는데요?"

장하다가 실망한 듯 말했다.

"하하하, 빛이 이렇게 수직으로 들어갈 때에는 직진하는 게 맞아. 이번엔 비스듬히 빛을 비춰 볼게."

 곽두기의 낱말 사전

진행 나아갈 진(進) 다닐 행(行). 앞으로 향하여 나아간다는 뜻이야.

 용선생의 과학 현미경

공기 중에 향을 피우면 빛이 연기 알갱이에 부딪쳐 우리 눈으로 들어오기 때문에 빛이 나아가는 모습을 잘 볼 수 있어. 물에 우유를 타는 것도 같은 원리를 이용하는 거야.

 나선애의 과학 사전

수직 선과 선, 선과 면, 면과 면이 만나 직각(90°)을 이룬 상태를 말해.

▲ 빛이 물 표면에 비스듬히 들어갈 때

"우아! 빛이 비스듬히 들어가니까 방향이 꺾여요!"

"봤지? 빛이 공기 중에서 물속으로 비스듬히 들어가거나 물속에서 공기 중으로 비스듬히 들어갈 때에는 공기와 물이 만나는 경계면에서 빛의 진행 방향이 항상 꺾인단다."

"그럼 공기와 물이 맞닿는 곳에서만 빛의 방향이 꺾이는 거예요?"

"공기와 물뿐 아니라 서로 다른 물질이 만나는 경계면에서 꺾이지. 이런 현상을 빛의 굴절이라고 해."

나선애가 노트에 '빛의 굴절'이라고 적고 말했다.

"빛이 나아갈 때 통과하는 물질이 달라지면 그 경계면에서 굴절이 일어나는군요?"

"그렇지! 단, 빛이 경계면에 수직하게 들어가는 게 아니라 비스듬히 들어가는 경우에 말이야."

경계면 공기와 유리가 닿는 면, 공기와 물이 닿는 면처럼 서로 섞이지 않는 두 물질 사이에 있는 면을 말해.

굴절 굽힐 굴(屈) 꺾을 절(折). 휘어서 꺾이는 것을 말해.

▲ 공기와 플라스틱의 경계면에서 일어나는 빛의 굴절

▲ 공기와 식용유, 식용유와 물의 경계면에서 빛의 굴절

빛이 나아갈 때 서로 다른 두 물질의 경계면에서 진행 방향이 꺾이는 현상을 빛의 굴절이라고 해.

 빨대가 왜 꺾여 보일까?

"빛이 굴절하는 건 알겠는데, 빨대가 왜 꺾여 보였는지는 잘 모르겠어요."

장하다가 머리를 긁적이며 말했다.

"빨대에 반사된 빛이 우리 눈으로 들어와서 우리가 빨대를 보게 되지? 이때 물속의 빨대에서 반사된 빛이 어떤 물질을 통과하지?"

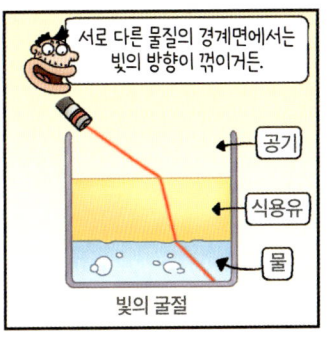
빛의 굴절

"음……. 물과 공기요. 아하, 빛이 우리 눈에 들어올 때 빛이 통과하는 물질이 물에서 공기로 바뀌니까 굴절이 일어나겠네요!"

"그래. 빨대에서 반사되어 나온 빛은 물과 공기의 경

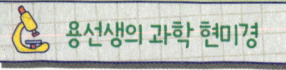
▲ 물속에 잠겨 꺾여 보이는 빨대

용선생의 과학 현미경

굴절이 일어나는 까닭은?

우리는 물속에서는 땅 위에서처럼 빠르게 달릴 수 없어. 빛도 마찬가지로 물에서 느려지지. 빛의 빠르기가 달라지면 어떤 일이 일어날까? 매끄러운 타일에서 푹신한 카펫으로 쇼핑 카트를 비스듬히 민다고 생각해 봐. 타일에선 바퀴가 빠르게 굴러가고, 카펫에선 바퀴가 느리게 굴러가. 그래서 두 앞바퀴 중 먼저 카펫 위로 올라간 바퀴는 느려지고, 아직 타일 위에 있는 바퀴는 계속 빠르게 갈 거야. 그럼 두 바퀴의 빠르기가 달라서 카트 방향이 꺾이지. 빛이 공기 중에서 물속으로 비스듬히 들어갈 때에도 이런 원리로 굴절이 일어나. 빛이 물을 만나 느려지면서 방향이 꺾이는 거지. 이처럼 빛이 어느 물질 속에서 나아가느냐에 따라 빠르기가 달라지면서 빛의 굴절이 일어난단다.

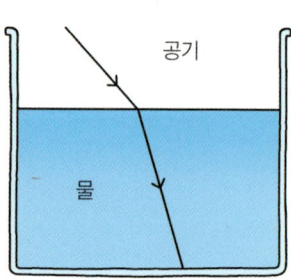
▲ 빛이 통과하는 물질에 따라 빠르기가 달라 굴절이 일어나.

계면에서 굴절하여 우리 눈으로 들어와. 그런데 우리는 빛의 방향이 꺾이지 않고 직진해 온다고 생각해서 실제 빨대 위치보다 더 위쪽에서 빛이 나온 것으로 보여. 그래서 빨대가 위쪽으로 꺾인 것처럼 보이는 거야."

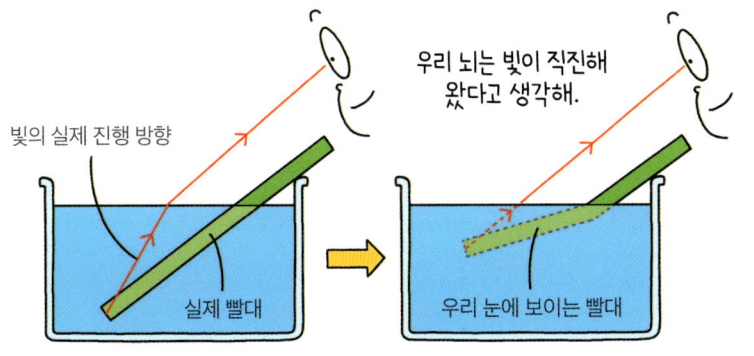

▲ 일부만 물에 잠긴 빨대는 빛의 굴절 때문에 꺾여 보여.

▲ 빛이 공기에서 물로 나아갈 때와 물에서 공기로 나아갈 때의 경로는 같아.

"이럴 수가! 굴절한 빛에 우리 눈이 속은 거네요!"

"우리가 굴절에 속는 경우가 또 있나요?"

"응, 컵 바닥에 동전을 놓고 컵에 물을 부으면 안 보이던 컵 바닥과 동전이 보여. 이것도 빛의 굴절 때문이야."

"아, 그렇군요."

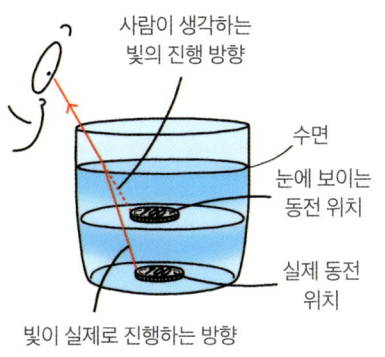

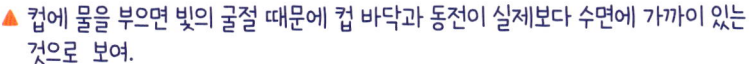

▲ 컵에 물을 부으면 빛의 굴절 때문에 컵 바닥과 동전이 실제보다 수면에 가까이 있는 것으로 보여.

▲ 물속에 잠긴 다리가 빛의 굴절 때문에 짧아 보여.

"또, 수영장 물이 밖에서는 얕아 보여도 실제 들어가 보면 더 깊은 것이나, 물속에 담근 다리가 실제보다 짧아 보이는 것도 빛이 굴절해서란다."

"아, 어쩐지! 물속에 들어갈 때마다 왜 다리가 짧아 보이나 했어요. 제 다린 긴데 말이죠."

"하하, 이제 궁금증이 풀렸겠구나."

용선생이 흠흠 헛기침을 하고 다시 말했다.

"너희 혹시 배 위에서 작살을 던져 낚시해 본 적 있니?"

"아니요. 텔레비전에서 본 적은 있어요. 쉬워 보이는데 연예인들은 물고기를 잘 못 잡더라고요."

"생각처럼 쉽지 않아. 빛의 굴절 때문에 물고기가 실제보다 수면에 가까이 있는 것처럼 보이거든."

"아하! 그럼 물고기가 보이는 곳보다 작살을 아래쪽으로 던져야겠군요?"

▲ 물고기가 실제보다 수면에 가까워 보여.

"바로 그거야!"

핵심정리

일부만 물에 잠긴 빨대가 꺾여 보이고, 물속의 물체가 실제보다 수면에 가까워 보이는 것은 빛이 굴절하기 때문이야.

프리즘은 어떻게 무지개를 만들까?

"빛이 프리즘을 통과하면 무지개 색의 빛으로 나뉘는 것 기억나니?"

"네!"

"사실 그것도 빛의 굴절 때문이란다."

"정말요? 굴절과 무지개 색은 상관이 없어 보이는데요."

"빛이 프리즘을 통과할 때 어떻게 굴절하는지 보면 쉽게 알 수 있을 거야. 프리즘에 빨간색 레이저 빛을 비춰 볼게."

"오, 빛이 굴절하는 게 보여요. 그런데 방향이 두 번 꺾이는 것 같은데요?"

"맞아요! 빛이 프리즘으로 들어갈 때 한 번, 나올 때 한 번, 이렇게 두 번 굴절해요!"

"빛이 경계면을 두 번 지나니까 방향도 두 번 꺾이는 거 아니에요?"

용선생은 "맞아! 모두 훌륭해!" 하며 프리즘 아래 깔린 종이에 빨간색 빛이 나아간 경로를 표시했다.

"이번엔 초록색 레이저 빛을 프리즘에 비춰 볼게. 빨간색 레이저 빛이 굴절할 때와 뭐가 다른지 찾아보렴."

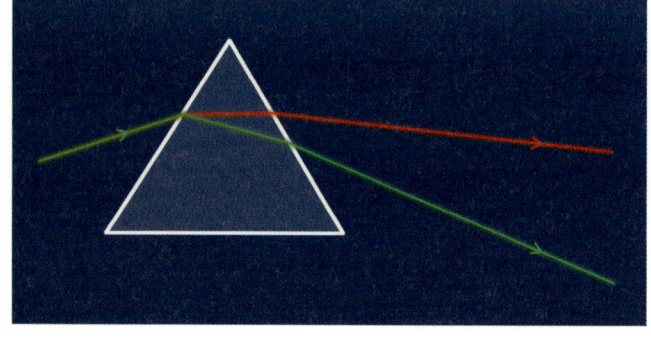

"초록색 빛이 빨간색 빛보다 방향이 더 많이 꺾여요."

"그래. 초록색 빛은 빨간색 빛보다 방향이 더 많이 꺾이지. 지금 본 것처럼 빛은 색에 따라 굴절하는 정도가 달라. 만약 초록색과 빨간색 빛을 같은 위치에서 동시에 프리즘에 비추면 어떻게 될까?"

"아하, 빛이 들어갈 땐 같이 들어가도 나올 때는 둘로 갈라져서 나오겠네요. 굴절하는 정도가 다르니까요."

"그렇지! 그럼 여러 색이 합쳐진 백색광이 프리즘을 통과하면 왜 여러 가지 색의 빛으로 나뉘는지도 알겠지?"

"네! 색마다 굴절하는 정도가 달라서 빛이 갈라져 나오니까요!"

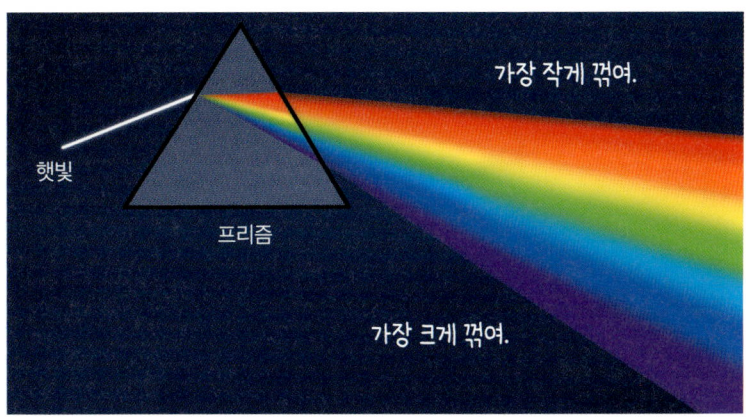

▲ 햇빛이 프리즘을 통과하면 색에 따라 굴절하는 정도가 달라서 여러 가지 색으로 나뉘어.

"그렇지!"

"와, 빛의 굴절 현상은 정말 신기하네요!"

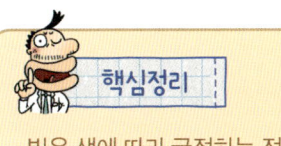 핵심정리

빛은 색에 따라 굴절하는 정도가 달라. 백색광이 프리즘을 통과할 때 굴절이 일어나 여러 가지 색의 빛으로 나뉘어.

나선애의 정리노트

1. 빛의 ⓐ
   ① 빛이 서로 다른 두 물질의 경계면에서 진행 방향이 꺾이는 현상
   ② 빛이 두 물질의 경계면에 비스듬히 들어갈 때에만 일어남.

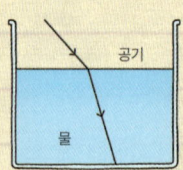

2. 빛의 굴절에 의해 나타나는 현상
   ① 일부분만 물속에 잠겨 있는 빨대가 꺾여 보임.
   ② 수영장 물이 실제보다 ⓑ 보임.
   ③ 물속 다리가 실제보다 ⓒ 보임.
   ④ 물속에 있는 물고기가 실제보다 수면에 가까이 있는 것처럼 보임.
   ⑤ 백색광이 프리즘을 통과하면 여러 가지 색의 빛으로 나뉨.
   • 빛의 ⓓ 에 따라 빛이 굴절하는 정도가 다르기 때문

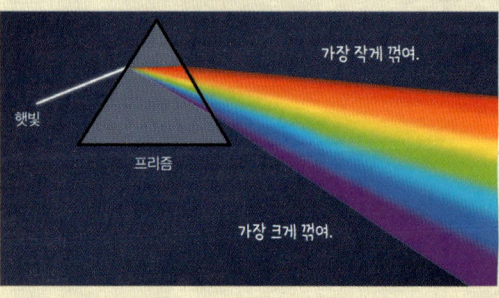

ⓐ 굴절 ⓑ 얕게 ⓒ 얕게 ⓓ 색깔

과학퀴즈 달인을 찾아라!

●정답은 115쪽에

01

친구들이 이번 시간에 배운 내용에 대해 이야기하고 있어. 옳으면 O, 옳지 않으면 X를 표시해 줘.

① 빛이 공기에서 물로 비스듬히 들어가면 굴절이 일어나. (   )
② 빛이 물에서 공기로 비스듬히 들어가면 굴절이 일어나지 않아. (   )
③ 빨간색 빛과 초록색 빛은 똑같이 굴절해. (   )

02

허영심이 암실에서 탈출하는 게임을 하고 있어. 아래 보기에서 괄호 안에 들어갈 말들을 순서대로 찾아야 탈출할 수 있대. 허영심이 암실을 탈출할 수 있게 도와줘.

> **보기**
> 백색광이 (   )을 통과하면 여러 가지 색의 빛으로 나뉘는 까닭은 빛의 (   )에 따라 빛이 (   )하는 정도가 달라서야.

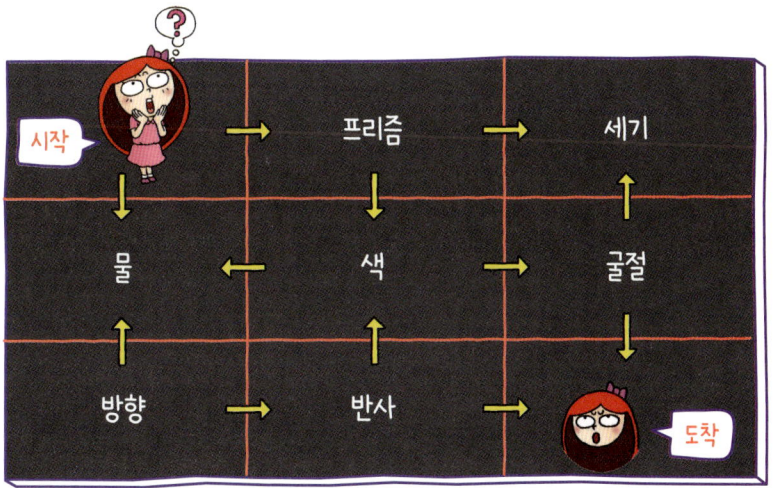

https://cafe.naver.com/yongyong

용선생의 과학 카페

과학계의 핵인싸,
용선생의 과학 카페에
오신 걸 환영합니다.

Log in

MENU

물리면 아프다
화학이 화하하
생물 오징어
지구는 둥글다

신기루의 정체는?

더운 여름날 아스팔트 도로 끝에 물이 고여 있는 걸 본 적 있니? 막상 가 보면 물은 온데간데없어서 어리둥절하지. 이런 현상을 신기루라고 해. 신기루는 빛의 굴절 때문에 일어나는 현상이야. 빛이 굴절하면 왜 신기루가 생기는 걸까?

▲ 더운 여름날 아스팔트 도로에 생긴 신기루

여름 한낮의 아스팔트 도로는 태양열을 받아 아주 뜨거워. 그래서 도로 주변의 공기도 덩달아 뜨거워져. 빛은 뜨거운 공기층을 만나면 마치 물과 공기의 경계면을 지날 때처럼 빠르기가 달라져서 굴절해. 도로 위에 뜨거운 공기층이 생기면 하늘에서 온 빛이 이 공기층에서 굴절

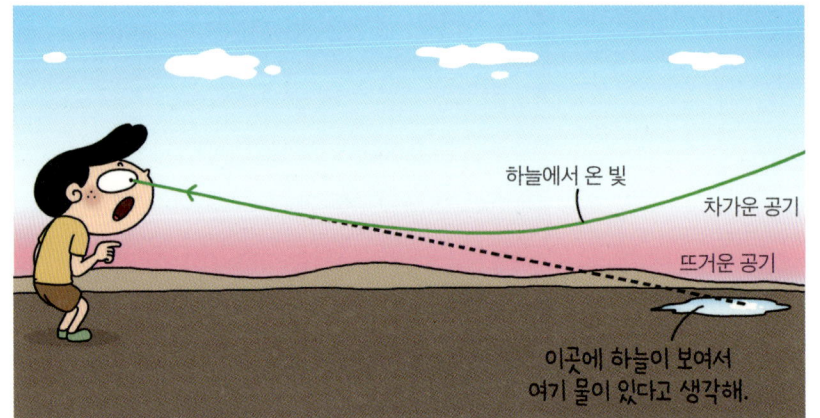

▲ 신기루의 원리

하여 우리 눈으로 들어와. 이때 우리는 하늘에서 휘어져 온 빛이 땅에서 직진하여 왔다고 착각하지. 땅에서 하늘이 보이니 그곳에 물이 고여 있다고 생각하는 거야.

신기루는 사막에서도 일어나. 선인장이나 바위에서 나오는 빛이 굴절하여 우리 눈으로 들어오면 마치 모래사막에 물웅덩이가 있어서 그 모습이 비친 것처럼 보여. 그것을 오아시스로 착각하기도 하지.

- 장하다의 오답을 피하는 방법
- 나선애의 야무진 실험실
- 왕수재의 아는 척 과학교실
- 허영심의 별 헤는 밤
- 곽두기의 빅뱅 따라잡기

▲ 사막에 생긴 신기루

바다에서는 신기루 때문에 배나 등대가 공중에 떠 있는 것처럼 보이기도 해. 이때에는 도로나 사막의 경우와 달리 물 주변의 공기가 위쪽 공기보다 차가워서 빛이 굴절하는 거란다.

▲ 바다에 생긴 신기루

COMMENTS

- 저게 진짜 물이 아니라고?
  - 난 직접 눈으로 봐야 믿을 수 있겠어.
  - 용선생님께 현장 학습 가자고 하자! 어디로 갈까? 사막? 아니면 바다?
  - 교장 선생님이 허락해 주실지 모르겠네….

5교시 | 볼록 렌즈

생수병 때문에 산불이 났다고?

생수병 때문에 산불이 났대!

에이, 생수병이 어떻게 불을 내? 말도 안 돼.

"산에 생수병을 함부로 버리면 절대 안 되는 거 알아?"

"당연하지! 쓰레기를 아무 데나 버리면 안 되는 건 당연한 거잖아."

장하다의 물음에 나선애가 대수롭지 않다는 듯이 대답했다. 그러자 장하다가 다시 말했다.

"내 말은 그게 아니라, 생수병 때문에 산불이 날 수도 있다니까!"

"에이, 아니겠지! 그게 말이 되니?"

 **물이 든 생수병과 돋보기의 공통점은?**

용선생이 과학실로 들어서자 나선애가 물었다.

"선생님! 하다가 산에 버린 생수병 때문에 산불이 날 수도 있다는데, 그게 사실이에요?"

그러자 장하다가 "맞다니까!" 하며 눈살을 찌푸렸다. 용선생이 허허 웃으며 대답했다.

"하다 말이 맞아. 단, 생수병에 물이 담겨 있어야 해."

"정말요? 물이 담겨 있으면 뭐가 어떻게 되는데요?"

"돋보기 같은 볼록 렌즈는 불을 일으킬 수가 있는데, 물이 담긴 생수병도 볼록 렌즈 역할을 할 수 있거든."

"볼록 렌즈요?"

용선생은 과학실 서랍에서 돋보기를 꺼냈다.

▲ 돋보기

▲ 볼록 렌즈

"볼록 렌즈는 가운데 부분이 가장자리보다 두꺼운 렌즈를 말해. 돋보기 알이 바로 볼록 렌즈란다."

"볼록해서 볼록 렌즈군요?"

"그럼 돋보기로도 산불을 일으킬 수 있어요?"

"응. 볼록 렌즈를 통과한 빛이 어떻게 나아가는지 보면

> **나선애의 과학 사전**
>
> **렌즈** 빛을 모으거나 퍼뜨리기 위해 수정이나 유리, 플라스틱을 볼록하거나 오목한 모양으로 만든 투명한 물체야. 안경, 현미경, 망원경 등에 들어 있어.

이해가 될 거야."

용선생은 볼록 렌즈에 여러 개의 레이저 빛을 나란히 비췄다.

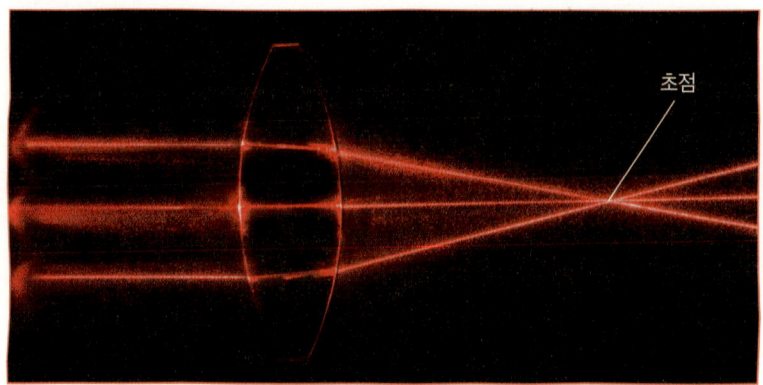

▲ 볼록 렌즈는 나란히 들어오는 빛을 한곳으로 모아.

"와, 빛이 한곳으로 모여요."

"오목 거울도 빛을 한곳으로 모았는데, 볼록 렌즈도 그러네요!"

"그래. 오목 거울에서 빛이 한곳으로 모이는 지점을 초점이라고 했지? 볼록 렌즈에서도 빛이 한곳으로 모이는 지점을 초점이라고 해."

"볼록 렌즈는 어떻게 빛을 한곳으로 모아요?"

"이것도 빛의 굴절 현상이지. 빛이 프리즘을 통과할 때 굴절했던 것처럼 볼록 렌즈에서도 빛이 굴절해. 프리즘 두 개를 위아래로 붙이면 볼록 렌즈에서 빛이 굴절해서 한곳으로 모이는 원리를 알 수 있어. 두 개의 프리즘과 볼록 렌즈에서 각각 빛이 어떻게 통과하는지 비교해 보렴."

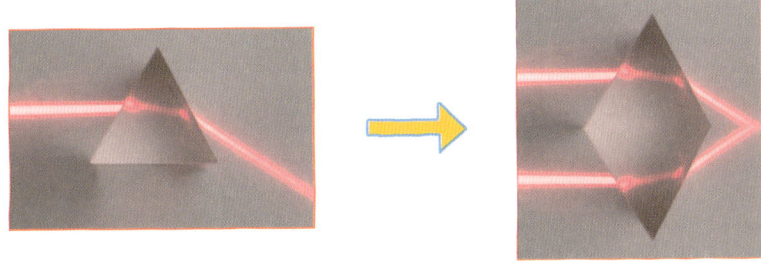

▲ 프리즘 두 개를 붙이면 볼록 렌즈가 돼.

"어? 프리즘 두 개를 위아래로 붙여 놓으니까 볼록 렌즈와 모양도 비슷하고, 빛이 나아가는 모습도 비슷해요."

"위에 있는 프리즘에서는 빛의 방향이 아래로 꺾이고, 아래에 있는 프리즘에서는 빛의 방향이 위로 꺾여서 두 빛이 한 점에서 만나요!"

"맞아. 볼록 렌즈는 프리즘 두 개를 위아래로 놓은 것과 마찬가지야. 그래서 빛이 볼록 렌즈에 나란하게 들어오면 한 점에 모인단다. 만약 볼록 렌즈를 따뜻한 햇볕 아래에 두면 어떻게 될까?"

"밖에 나가서 직접 해 봐요!"

용선생과 아이들은 밖으로 나가서 돋보기로 빛을 모아 마른 나뭇잎에 비췄다.

▲ 돋보기로 나뭇잎에 햇빛을 모으는 모습 자칫하면 불이 날 수 있으니 주의해야 해.

물이 담긴 생수병

물이 담긴 유리잔

물이 담긴 어항

▲ 볼록 렌즈 역할을 할 수 있는 물체

"주위보다 밝은 곳이 생겼어요. 여기에 햇빛이 모이는 건가요?"

"그래. 볼록 렌즈로 햇빛을 모으면 초점 부분이 밝아질 뿐 아니라 뜨거워지기도 해. 온도가 아주 높아지면 낙엽에 불이 붙을 수도 있어."

"그럼 혹시 생수병 때문에 산불이 난 것도 생수병이 볼록 렌즈처럼 햇빛을 모아서 그런 거예요?"

"정확히는 생수병에 물이 들어 있었기 때문이야. 생수병의 볼록한 모양 때문에 병 안의 물도 가운데가 볼록한 모양이 되는데, 햇빛이 물을 통과하면서 굴절하여 한곳으로 모이는 거지. 그럼 산불이 날 수도 있단다."

"아, 이제 의문이 풀렸어요!"

장하다가 손뼉을 짝 치며 말했다.

"그럼 물이 들어 있는 투명한 병은 볼록 렌즈 역할을 할 수 있겠네요?"

"그렇지. 가운데 부분이 두껍고 빛을 통과시킬 수 있는 물체는 물을 담으면 대부분 볼록 렌즈 역할을 할 수 있어. 물이 담긴 유리잔이나 비닐봉지도 볼록 렌즈가 될 수 있고, 물방울 자체도 볼록 렌즈가 될 수 있지."

"물이 든 둥근 어항도요?"

"물론이야!"

핵심정리

볼록 렌즈는 가운데 부분이 가장자리보다 두꺼운 렌즈로, 빛을 굴절시켜 한곳으로 모을 수 있어.

 ## 어항 뒤 고양이가 커 보이는 까닭은?

과학실로 돌아온 용선생이 아이들을 둘러보며 물었다.

"볼록 렌즈를 통해 물체를 보면 어떻게 보일까? 빛이 굴절하니까 실제와 다르게 보일 텐데 말이야."

"흠······. 볼록 거울은 물체가 작게 보이고 넓은 범위가 보였는데, 볼록 렌즈도 비슷하지 않을까요?"

허영심의 말에 나선애가 고개를 갸웃하며 말했다.

"제 생각은 반대예요. 볼록 거울은 빛을 사방으로 퍼뜨리지만, 볼록 렌즈는 반대로 한곳으로 모으잖아요."

아이들의 의견이 갈리자 용선생이 아이들에게 돋보기를 나눠 주며 말했다.

"그러지 말고 돋보기로 직접 관찰해 보자."

이것이 볼록 렌즈다!

"돋보기로 보니까 하다 입이 엄청 커 보여요!"

왕수재가 돋보기를 장하다 얼굴에 가까이 갖다 대며 말했다. 이때 돋보기로 멀리 있는 액자를 관찰하던 나선애가 외쳤다.

"근데 멀리 있는 물체는 오히려 작아 보이는데요? 심지어 거꾸로 보여요!"

"수재와 선애가 본 것처럼 볼록 렌즈는 물체와 렌즈 사이의 거리에 따라 상이 달라져. 물체가 볼록 렌즈 가까이 있으면 상이 물체보다 크고 바로 서. 반면 물체가 렌즈에서 멀리 있으면 상이 거꾸로 서지. 이때 물체가 멀어질수록 상은 점점 작아져."

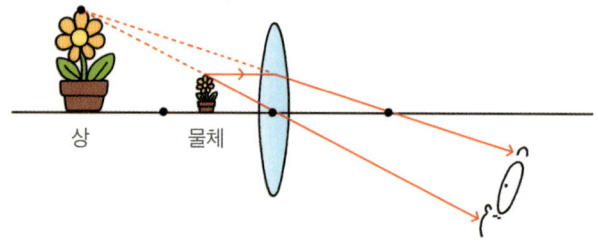

▲ 볼록 렌즈와 가까이 있는 물체는 실제보다 크고 바로 서 보여.

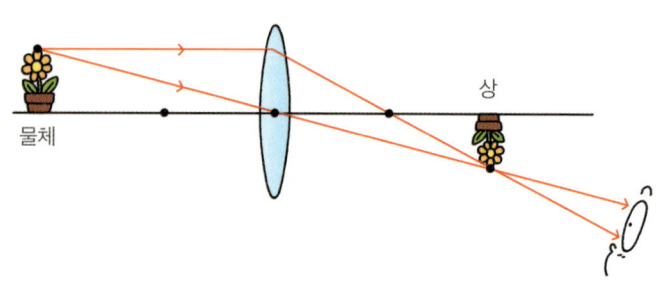

▲ 볼록 렌즈와 멀리 있는 물체는 거꾸로 보여.

아이들이 고개를 끄덕이자 용선생이 화면에 새로운 사진을 띄웠다.

"물방울이나 물이 담긴 어항, 유리잔을 통해서도 볼록 렌즈와 같은 상을 관찰할 수 있지."

허영심이 사진을 자세히 들여다보며 말했다.

"저희 집 고양이가 어항 바로 뒤에 있을 때 엄청 커 보였는데, 어항이 볼록 렌즈 역할을 해서 그런 거군요!"

▲ 물방울이나 물이 든 어항 바로 뒤 물체가 커 보여.

▲ 물방울이나 물이 든 유리잔에서 멀리 있는 풍경이 거꾸로 보여.

"거리에 따라 다르게 보인다니, 참 요상한 렌즈네요."

 **핵심정리**

볼록 렌즈는 물체와 렌즈 사이의 거리에 따라 상이 달라져. 물체와 렌즈의 거리가 가까우면 상이 크고 바로 서고, 멀면 상이 거꾸로 서.

 ## 볼록 렌즈는 어디에 쓰일까?

"요상한 렌즈라고? 하하하! 근데 이 요상한 렌즈가 우리 생활에서 쓰임새가 아주 많아."

"알아요. 과학실에 있는 돋보기도 볼록 렌즈잖아요."

"그래. 볼록 렌즈는 가까이 있는 물체를 커 보이게 하니까 돋보기에 쓰이지. 돋보기를 안경으로도 사용해. 너희 돋보기안경이라고 들어 봤니?"

"네, 저희 할아버지도 책을 볼 때 돋보기안경을 항상 쓰세요."

"돋보기안경은 볼록 렌즈로 되어 있어서 글씨를 크게 보여 줘. 그래서 작은 글씨가 잘 안 보일 때 쓴단다."

▲ 돋보기안경

"돋보기안경에 볼록 렌즈가 쓰이는군요."

"아주 작은 물체를 크게 확대해서 보여 주는 현미경에도 볼록 렌즈가 들어 있어. 현미경에는 대물렌즈와 접안렌즈, 두 개의 볼록 렌즈가 들어 있지."

"현미경에는 볼록 렌즈가 두 개나 들어 있어서 엄청 작은 것도 볼 수 있나 봐요."

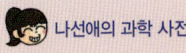

나선애의 과학 사전

대물렌즈 마주할 대(對) 사물 물(物) 렌즈. 물체에 가까운 쪽의 렌즈를 말해.

접안렌즈 접할 접(接) 눈 안(眼) 렌즈. 눈에 가까운 쪽의 렌즈를 말해.

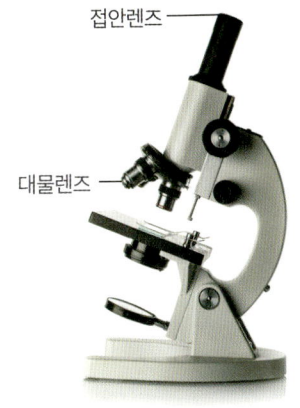

▲ 현미경

▲ 사람의 머리카락에 붙어 있는 이를 현미경으로 확대한 모습

"그래. 그뿐만 아니라 하늘의 별처럼 매우 멀리 있는 물체를 관찰하는 망원경에도 볼록 렌즈가 쓰인단다."

"망원경에요? 볼록 렌즈로 멀리 있는 걸 보면 작고 거꾸로 보이는데, 망원경에 왜 볼록 렌즈를 써요?"

"멀리 있는 별을 관찰하려면 먼저 그 별에서 나오는 빛을 한곳으로 모아야 하거든."

▲ 미국 캘리포니아 릭 천문대에 있는 천체 망원경

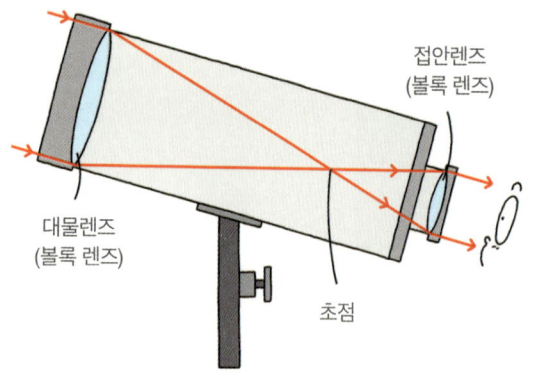
▲ 천체 망원경의 구조

▲ 쌍안경

"아, 그렇다면 볼록 렌즈가 필요하겠네요. 볼록 렌즈는 빛을 모으니까요."

"그래. 우주를 관측할 때 쓰는 천체 망원경에도 대물렌즈와 접안렌즈, 두 개의 볼록 렌즈가 들어 있어. 대물렌즈는 물체에서 나오는 빛을 모으고, 접안렌즈는 모은 빛을 확대하지. 비록 물체가 거꾸로 보이기는 하지만 달, 태양, 목성과 같은 아주 멀리 있는 물체도 볼 수 있기 때문에 우주를 관측하기에 좋단다."

"저희 집에 천체 망원경은 없어도 쌍안경은 있는데, 혹시 쌍안경에도 볼록 렌즈가 있나요?"

"맞아. 쌍안경에도 볼록 렌즈가 들어 있어."

그러자 곽두기가 아쉬운 표정을 지었다.

"우리 집에는 볼록 렌즈를 이용한 도구 뭐 없나?"

"두기네 집에도 볼록 렌즈를 이용한 도구가 분명히 있을 텐데?"

"정말요? 그게 뭐예요?"

"바로 카메라야! 스마트폰의 카메라나 보안 카메라, 인터폰 등에 볼록 렌즈가 들어 있지."

"와, 볼록 렌즈는 쓰임새가 정말 많네요!"

카메라

스마트폰 카메라

보안 카메라

인터폰

▲ 볼록 렌즈가 쓰이는 예

 핵심정리

볼록 렌즈는 돋보기안경, 현미경, 망원경, 쌍안경, 카메라 등에 쓰여.

# 나선애의 정리노트

1. 볼록 렌즈
① 가운데 부분이 가장자리보다 두꺼운 렌즈
② 나란히 들어오는 빛이 굴절하여 ⓐ _____ 에 모임.
- 볼록 렌즈로 햇빛을 모으면 낙엽을 태울 수도 있음.

③ 볼록 렌즈 역할을 할 수 있는 물체
- ⓑ _____ 부분이 가장자리보다 두껍고, 빛을 통과시킬 수 있는 물체

  예) 물이 담긴 둥근 어항, 물이 담긴 유리잔, 물이 담긴 생수병

2. 볼록 렌즈에 의한 상
① 물체와 렌즈 사이의 거리에 따라 달라짐.
② 렌즈로 ⓒ _____ 있는 물체를 보면 상이 크고 바로 섬.
③ 렌즈로 ⓓ _____ 있는 물체를 보면 상이 거꾸로 섬.

3. 볼록 렌즈의 이용
① 돋보기안경, 현미경, 망원경, 쌍안경, 카메라 등

ⓐ 초점 ⓑ 가운데 ⓒ 가까이 ⓓ 멀리

과학퀴즈 달인을 찾아라!

●정답은 115쪽에

01

친구들이 이번 시간에 배운 내용에 대해 이야기하고 있어. 옳으면 O, 옳지 않으면 X를 표시해 줘.

① 볼록 렌즈는 가운데가 가장자리보다 두꺼워. (　　)
② 볼록 렌즈로 보면 항상 실물보다 커 보여. (　　)
③ 볼록 렌즈로 햇빛을 모을 수 있어. (　　)

02

장하다가 바다 위를 표류하다 무인도에 도착했어. 장하다가 추위를 이기기 위해 볼록 렌즈의 원리를 이용해 마른 낙엽에 불을 붙이려고 해. 어느 물체에 바닷물을 담아야 볼록 렌즈로 쓸 수 있을지 알려 줘.

https://cafe.naver.com/yongyong

용선생의 과학 카페

과학계의 핵인싸, 용선생의 과학 카페에 오신 걸 환영합니다.

[Log in]

MENU
- 물리면 아프다
- 화학이 화하하
- 생물 오징어
- 지구는 둥글다

카메라의 시작은 바늘구멍!

오늘날에는 누구나 매일같이 카메라를 사용해. 카메라는 처음에 어떻게 발명되었을까?
어두운 방의 한쪽 벽에 작은 구멍을 뚫으면 바깥의 빛이 이 구멍으로 들어와서 반대쪽 벽에 거꾸로 된 상이 나타나. 1500년대 화가들은 이 상을 베껴서 그림을 그렸지. 이게 바로 카메라의 시작이야.

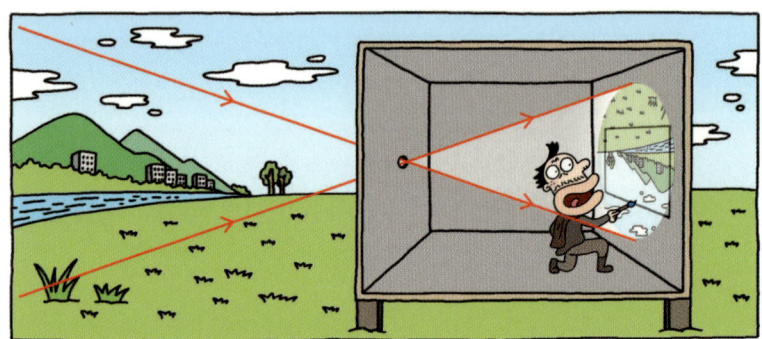

▲ 바늘구멍을 이용하여 그림을 그리는 모습

과학 기술이 발전하면서 사람들은 렌즈와 거울을 이용하게 되었어. 바늘구멍 앞에 볼록 렌즈를 끼우면 상이 더 뚜렷해지고, 오목 거울을 붙이면 거꾸로 된 상을 바로 세울 수 있어. 이런 원리를 이용해 만든 것이 바로 바늘구멍 카메라야. 다른 말로 '카메라 옵스큐라'라고 하지.

◀ 카메라 옵스큐라

- 장하다의 오답을 피하는 방법
- 나선애의 야무진 실험실
- 왕수재의 아는 척 과학교실
- 허영심의 별 헤는 밤
- 곽두기의 빅뱅 따라잡기

바늘구멍 카메라를 이용하면 상을 베껴 그릴 수는 있지만 그대로 종이에 찍어 낼 순 없었어. 그래서 과학자들은 빛을 받으면 색이 쉽게 변하는 얇은 막을 만들어 냈어. 그리고 카메라의 볼록 렌즈를 통해 맺힌 상이 그대로 막에 찍히게 했지. 이 막이 바로 필름이고, 필름을 이용하는 카메라를 필름 카메라라고 한단다.

▲ 필름 카메라

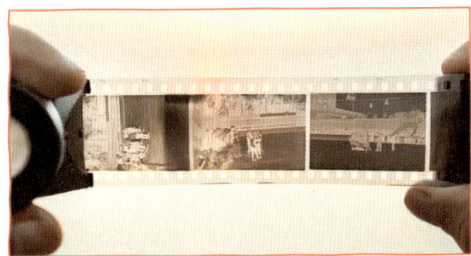
▲ 필름

지금은 필름 카메라 대신 디지털 카메라를 주로 사용해. 디지털 카메라도 볼록 렌즈를 통해 상이 맺히는데, 그 상이 필름 대신 메모리 카드에 디지털 이미지로 저장되지. 스마트폰의 카메라도 디지털 카메라 중 하나란다.

벽에 뚫린 작은 바늘구멍부터 스마트폰 카메라까지, 카메라는 정말 다양하지?

▲ 디지털 카메라

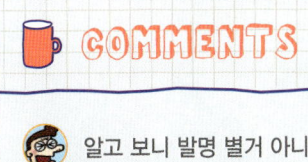 COMMENTS

 알고 보니 발명 별거 아니네!

ㄴ 맞아. 시작은 아주 사소해!

ㄴ 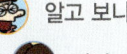 그럼 다 같이 오늘부터 1일 1발명 어때?

ㄴ 일단 하나라도 해 보고 얘기하자.

6교시 | 오목 렌즈

칠판 글씨가 안 보일 때 쓰는 안경은?

수재야, 안경 어쨌어?

망가졌어. 안경을 안 쓰니까 칠판 글씨가 하나도 안 보여!

"오, 안경 바꿨네!"

과학실에 들어서는 왕수재에게 장하다가 외쳤다.

"응. 어제 새로 하나 맞췄지."

"넌 안경을 안 쓰면 아무것도 안 보여?"

장하다가 왕수재의 안경을 이리저리 살펴보며 물었다.

"아니. 가까운 건 보이는데 칠판 글씨처럼 멀리 있는 건 잘 안 보여."

"그렇구나. 안경을 쓰면 왜 칠판 글씨가 잘 보일까?"

"글쎄?"

왕수재가 어깨를 으쓱하며 고개를 가로저었다. 이때 용선생의 목소리가 뒤에서 들려왔다.

"좋아, 오늘 수업의 주제는 수재 안경이다!"

 ## 우리 눈에서 일어나는 굴절은?

아이들이 자리에 앉자 용선생이 말했다.

"시력이 안 좋은 사람들 중에는 수재처럼 멀리 있는 게 잘 안 보이는 사람도 있고, 반대로 가까이 있는 게 잘 안 보이는 사람도 있어."

"왜 안 보이는 게 사람마다 달라요?"

"시력이 안 좋은 이유가 달라서 그래. 우리 눈이 어떻게 물체를 보는지부터 알아볼까?"

용선생은 화면에 그림을 띄웠다.

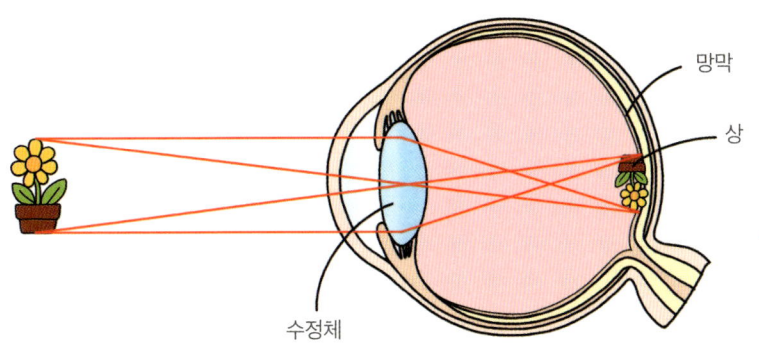

◀ **눈으로 물체를 보는 원리** 빛이 수정체를 통과하면서 굴절하여 망막에 상이 맺혀. 이렇게 맺힌 상을 통해 우리가 물체를 봐.

"오, 우리 눈이 저렇게 생겼어요?"

"맞아. 지난 시간에 볼록 렌즈에 대해 배웠지? 우리 눈에도 볼록 렌즈가 있어. 바로 수정체야. 빛이 우리 눈으로 들어오면 수정체를 통과하면서 굴절하여 망막에 상이 맺

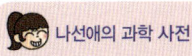 나선애의 과학 사전

망막 눈 가장 안쪽에 있는 얇고 투명한 막으로, 물체의 상이 맺히는 곳이야.

혀. 이렇게 망막에 맺힌 상이 뇌에 전달돼서 우리가 사물의 모습을 보는 거야."

"우리 눈에도 렌즈가 있다니, 신기하다!"

"시력이 좋은 사람과 안 좋은 사람은 뭐가 달라요?"

"우리가 물체를 선명하게 보려면 상이 정확히 망막에 맺혀야 해. 그런데 어떤 사람들은 수정체의 두께에 이상이 생겨서 상이 망막에 맺히지 않고 망막 앞이나 뒤에 맺히는 경우가 있어. 그럼 물체가 흐릿하게 보인단다."

"수정체에 이상이 생긴다고요?"

아이들이 고개를 갸웃하자 용선생이 말했다.

"먼저 가까이에 있는 물체를 잘 보지 못하는 시력을 원시라고 해. 원시는 상이 망막 뒤에 맺히는 경우로, 보통 수정체가 정상보다 얇아서 빛을 덜 굴절시키는 바람에 생겨."

"그럼 어떻게 해요? 수정체를 두껍게 만들어야 해요?"

"돋보기안경으로 교정하면 돼. 돋보기안경의 볼록 렌즈가 빛을 더 굴절시켜 망막에 상이 맺히게 하거든. 그럼 가까이 있는 물체도 또렷하게 볼 수 있지."

"할아버지께서 책 읽을 때 쓰시는 돋보기안경도 그래요?"

"맞아. 나이가 들면 수정체의 두께를 조절하는 능력이 떨어져서 가까운 것을 볼 때 상이 망막 뒤에 맺혀. 그래서

용선생의 과학 현미경

수정체와 망막 사이가 너무 가깝거나 멀어도 상이 망막 뒤나 앞에 맺혀.

곽두기의 낱말 사전

원시 멀 원(遠) 볼 시(視). 멀리 있는 물체는 잘 볼 수 있지만, 가까이 있는 물체를 잘 볼 수 없는 시력을 말해.

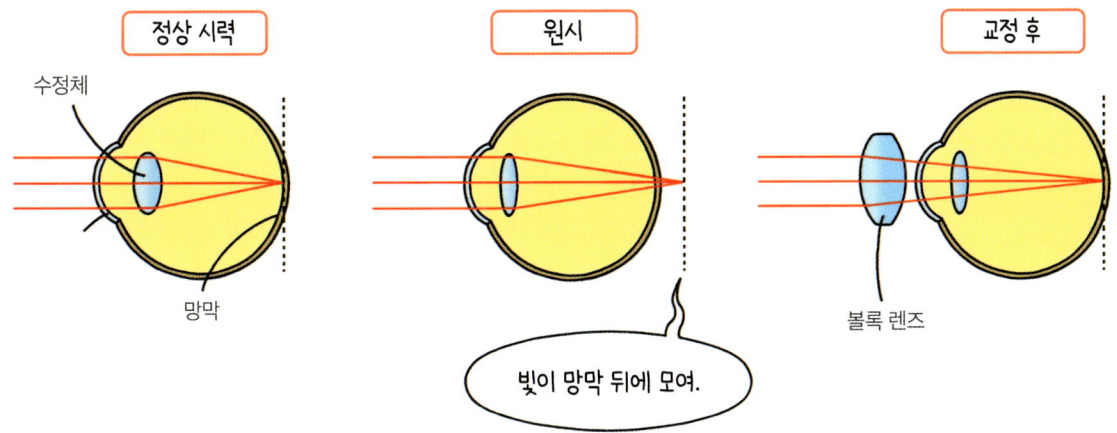

▲ 원시는 상이 망막 뒤에 생겨서 볼록 렌즈로 교정해.

노인 분들이 책을 읽을 때 돋보기안경을 쓰는 거란다."

"선생님, 그럼 수재도 원시인가요?"

"아냐! 난 가까이 있는 건 잘 보여."

"수재처럼 가까이 있는 물체는 잘 볼 수 있지만 멀리 있는 물체를 잘 보지 못하는 시력을 근시라고 해. 근시는 상이 망막 앞에 맺히는 경우로, 보통 수정체가 정상보다 두꺼워서 빛을 너무 많이 굴절시키는 바람에 생겨."

"어휴, 제 눈은 빛을 너무 많이 굴절시켜서 탈이군요. 그럼 제 안경은 볼록 렌즈가 아니겠네요? 빛을 덜 굴절시켜야 하니까요."

"맞아. 근시는 오목 렌즈를 사용한 안경으로 시력을 교정한단다."

> **곽두기의 낱말 사전**
>
> **근시** 가까울 근(近) 볼 시(視). 가까이 있는 물체는 잘 볼 수 있지만, 멀리 있는 물체를 잘 볼 수 없는 시력을 말해.

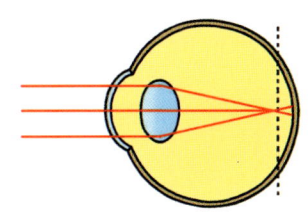

▲ 근시는 상이 망막 앞에 생겨.

"오목 렌즈? 그건 뭐예요?"

핵심정리

우리는 눈에 들어온 빛이 수정체에서 굴절하여 망막에 상이 맺힐 때 물체를 또렷이 보게 돼. 상이 망막 뒤에 맺히는 원시는 볼록 렌즈로 교정해.

근시일 때 쓰는 안경은 뭐가 다를까?

"이게 오목 렌즈야."

"볼록 렌즈와 반대로 가운데가 오목하게 들어가 있네요?"

"맞아. 오목 렌즈는 가운데 부분이 가장자리보다 얇은 렌즈야."

▲ 오목 렌즈

"오목하게 생겨서 이름도 오목 렌즈구나!"

"응. 오목 렌즈는 나란히 들어오는 빛을 넓게 퍼뜨리는 성질이 있어."

"볼록 렌즈랑 생김새도 반대이고, 빛이 굴절하는 모습도 반대네요!"

"맞아. 볼록 렌즈에서는 나란히 들어온 빛이 굴절하여 한 점에 모이지만, 오목 렌즈에서는 빛이 굴절하여 퍼져 나간단다."

"왜 오목 렌즈를 통과하면 빛이 퍼져 나가죠?"

"프리즘 두 개로 오목 렌즈 모양을 만들어 확인해 보자. 볼록 렌즈 때와 반대로 뾰족한 부분을 위아래로 붙이면 돼. 프리즘에 빛을 비춰 볼게."

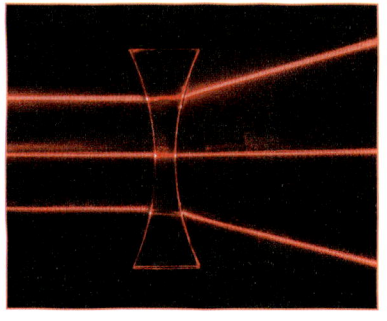

▲ 오목 렌즈는 나란히 들어오는 빛을 넓게 퍼뜨려.

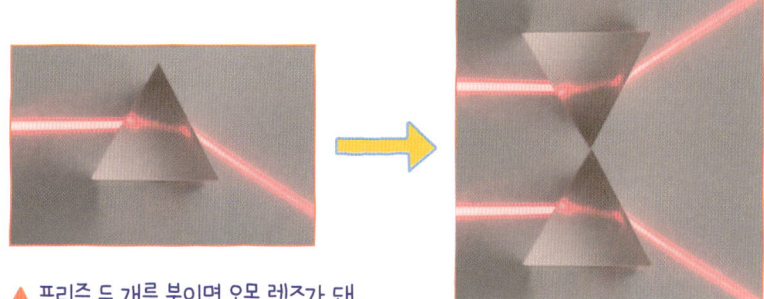

▲ 프리즘 두 개를 붙이면 오목 렌즈가 돼.

"프리즘을 볼록 렌즈 때와 반대로 놓으니까 빛이 모이는 대신 퍼져 나가요!"

"굴절 때문에 빛이 퍼질 수도 있다니!"

왕수재가 자신의 안경을 가리키며 물었다.

"제 안경도 오목 렌즈니까 빛이 퍼지겠네요?"

용선생이 고개를 끄덕이며 대답했다.

"맞아. 근시는 수정체가 빛을 너무 많이 굴절시켜서 상

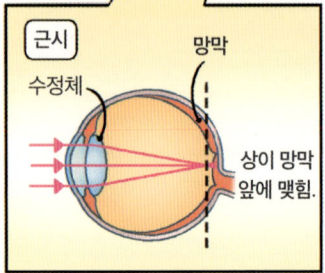

이 망막 앞에 맺힌다고 했잖아. 눈앞에 오목 렌즈가 있으면 빛이 약간 퍼져서 상이 망막에 바로 맺히지."

"아하, 제 안경은 돋보기안경과는 반대로 빛을 퍼지게 해서 시력을 교정하는군요!"

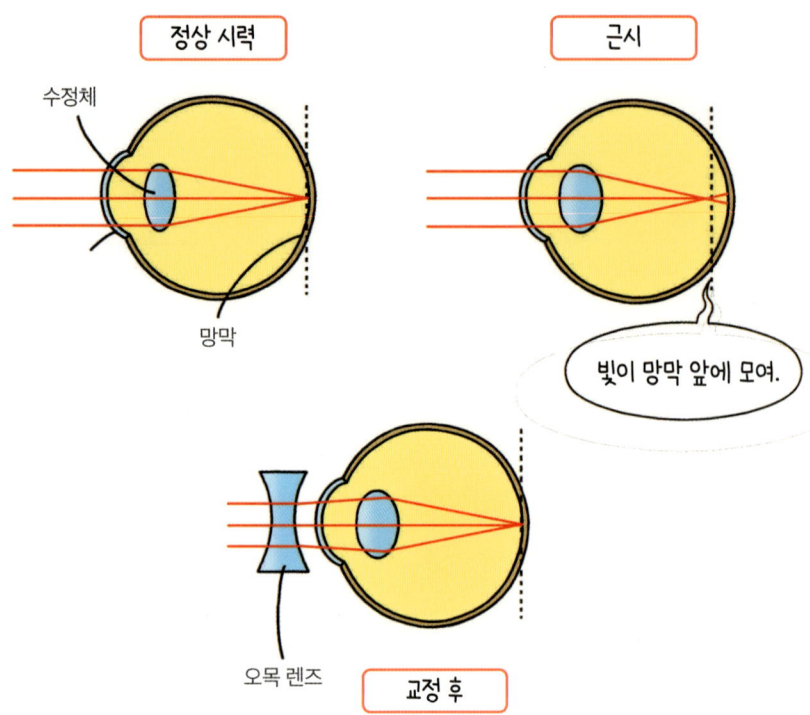

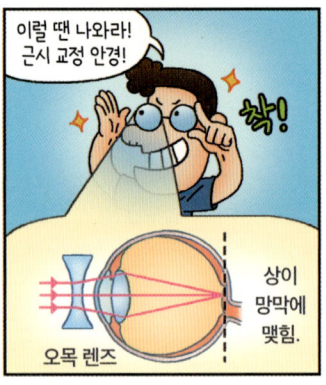

▲ 근시는 상이 망막 앞에 생겨서 오목 렌즈로 교정해.

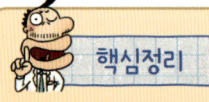

핵심정리

오목 렌즈는 가운데 부분이 가장자리보다 얇은 렌즈로, 나란히 들어오는 빛을 넓게 퍼뜨려. 상이 망막 앞에 맺히는 근시는 오목 렌즈로 교정해.

 ## 오목 렌즈는 어디에 쓰일까?

"수재야, 네 안경 좀 잠깐만 줘 봐."

장하다가 왕수재에게 손을 내밀며 말했다.

"넌 시력도 좋은데, 내 안경으로 뭘 하려고?"

"어떻게 보이는지 궁금해서 그래."

"당연히 안경을 쓰면 선명하게 보이지! 아, 그리고 좀 작게 보이는 것 같기도 해."

왕수재가 안경을 뺐다 끼었다 하며 말했다. 용선생이 오목 렌즈를 나눠 주며 말했다.

"그러지 말고 오목 렌즈로 직접 확인해 보렴."

▲ 근시 교정 안경

물체가 가까이 있을 때

물체가 멀리 있을 때

◀ 오목 렌즈로 보면 상이 물체보다 작고 바로 서.

"오목 렌즈로 보니까 정말 물체가 작아 보이네요!"

"오목 렌즈와 물체가 멀어질수록 어떻게 보이니?"

"멀어질수록 더 작아 보여요."

"그런데 상이 거꾸로 서지는 않아요."

"맞아. 이처럼 오목 렌즈로 보면 항상 실제 크기보다 상이 작고 바로 서. 물체가 렌즈에서 멀어질수록 상이 점점 작아지지."

"하긴, 상이 거꾸로 서면 수재가 안경을 썼을 때 세상이 뒤집혀 보이겠네요. 큭큭!"

"오목 렌즈는 또 어디에 쓰여요?"

"망원경에도 오목 렌즈가 쓰인단다."

"망원경에는 볼록 렌즈만 들어 있는 거 아니에요?"

"볼록 렌즈 두 개로 이루어진 망원경은 별처럼 아주 멀리 있는 것을 관찰하기에는 좋지만 상이 거꾸로 보인다는 단점이 있잖니? 그래서 볼록 렌즈 대신 오목 렌즈를 접안렌즈로 쓰는 망원경도 있지. 오목 렌즈를 쓰면 상을 똑바로 볼 수 있으니까 말이야."

"그럼 볼록 렌즈와 오목 렌즈 둘 다 망원경에 쓰이는 거네요?"

"응. 그리 멀지 않은 물체를 볼 때에는 볼록 렌즈와 오목 렌즈 둘 다 쓰는 망원

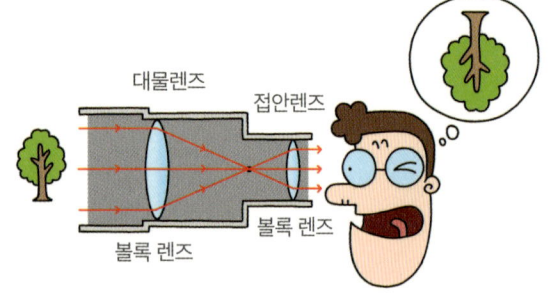

▲ 볼록 렌즈 두 개를 사용하는 망원경은 상이 거꾸로 서.

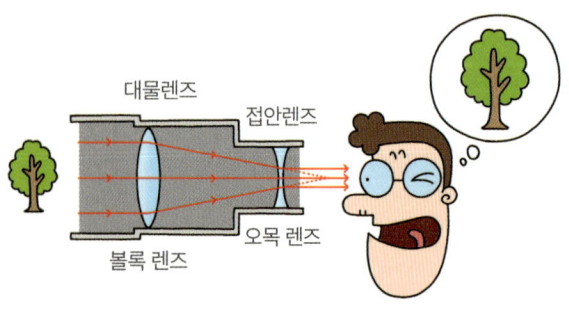

▲ 볼록 렌즈와 오목 렌즈를 사용하는 망원경은 상이 똑바로 서.

경을 사용해. 오페라나 콘서트, 운동 경기를 관람할 때 쓰는 쌍안경이 그렇지."

그때 물을 뜨러 유리컵을 집어 들던 나선애가 말했다.

▲ 오페라글라스 오페라나 뮤지컬 등을 관람할 때 사용하는 쌍안경이야.

"어? 이게 뭐지? 유리컵 바닥에 비친 물체가 작아 보여요. 혹시 이것도 오목 렌즈예요?"

"어디 보자. 이 유리컵 바닥은 가운데가 얇고 가장자리가 두꺼워서 오목 렌즈 역할을 하는구나."

▲ 유리컵 바닥이 오목 렌즈 역할을 해서 물체가 작아 보여.

"오, 그럼 유리컵 두 개를 양쪽 눈에 갖다 대면 근시 안경이 되겠네요? 어디 한번 해 볼까?"

장하다가 유리컵 두 개를 안경처럼 눈에 대자 아이들이 웃음을 터뜨렸다.

"좋아. 그럼 빛에 관한 수업은 이걸로 끝!"

핵심정리

오목 렌즈로 물체를 보면 항상 물체보다 작고 똑바로 선 상이 생겨. 오목 렌즈는 오페라나 콘서트, 운동 경기를 관람하는 쌍안경에 쓰여.

나선애의 정리노트

1. 눈에서 일어나는 굴절
  ① 눈으로 물체를 보는 과정
  • 빛이 ⓐ ___ 를 통과하면서 굴절하여 망막에 상이 맺히면 물체를 보게 됨.
  ② ⓑ ___ : 상이 망막 뒤에 맺힘. 가까이 있는 물체를 잘 볼 수 없음.
  • 볼록 렌즈로 빛을 더 굴절시켜 교정
  ③ ⓒ ___ : 상이 망막 앞에 맺힘. 멀리 있는 물체를 잘 볼 수 없음.
  • 오목 렌즈로 빛을 퍼지게 하여 교정

2. 오목 렌즈
  ① 가운데 부분이 가장자리보다 얇은 렌즈
  ② 나란히 들어온 빛을 굴절시켜 퍼져 나가게 함.

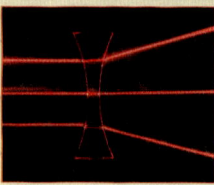

  ③ 항상 물체보다 ⓓ ___ 똑바로 선 상이 생김.
  ④ 물체가 멀어질수록 상의 크기가 작아짐.

3. 오목 렌즈의 이용
  ① 근시 교정 안경, 관람용 쌍안경

ⓐ 수정체 ⓑ 원시 ⓒ 근시 ⓓ 작고

 # 과학퀴즈 달인을 찾아라!

●정답은 115쪽에

01

친구들이 이번 시간에 배운 내용에 대해 이야기하고 있어. 옳으면 O, 옳지 않으면 X를 표시해 줘.

① 오목 렌즈는 나란히 들어오는 빛을 모아. (   )
② 오목 렌즈는 멀리 있는 물체를 잘 볼 수 없는 근시를 교정할 때 쓰여. (   )
③ 오목 렌즈로 보면 실물보다 크게 보여. (   )

02

왕수재가 안경을 새로 맞추러 안경점에 가고 있어. 갈림길에서 오목 렌즈의 특징에 관한 옳은 말을 따라가면 안경점을 찾을 수 있대. 왕수재가 안경을 맞출 수 있게 도와줘.

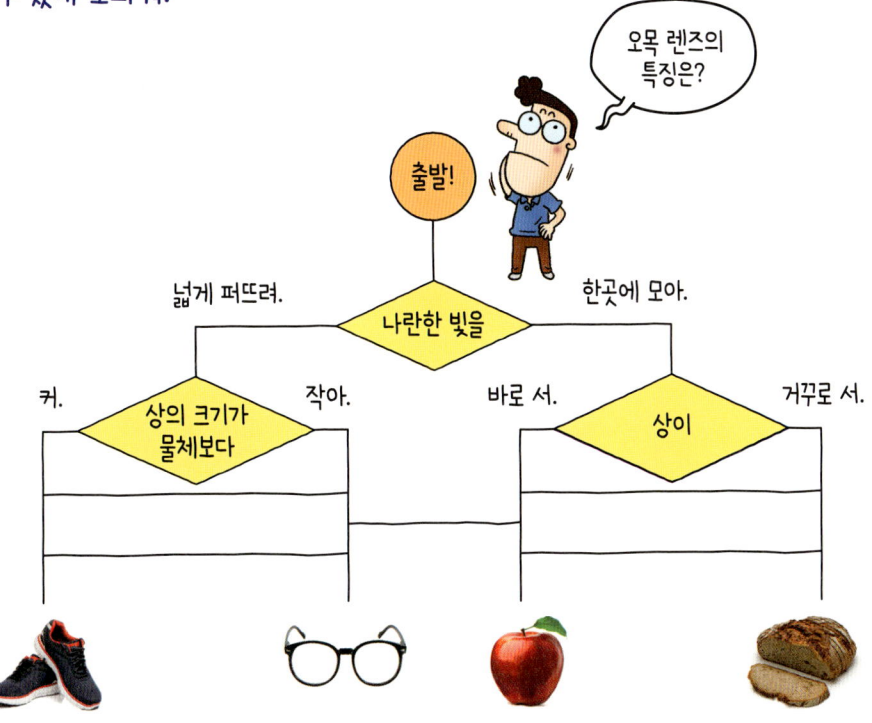

| 용선생의 과학 카페 | 용선생의 한국사 카페 | 용선생의 세계사 카페 |

https://cafe.naver.com/yongyong

용선생의 과학 카페

과학계의 핵인싸.
용선생의 과학 카페에
오신 걸 환영합니다.

Log in

MENU

물리면 아프다
화학이 화하하
생물 오징어
지구는 둥글다

세계 최초의 망원경은?

사람들은 언제부터 망원경으로 하늘을 관찰하기 시작했을까? 최초로 망원경을 발명한 사람은 네덜란드에서 안경원을 하던 한스 리퍼세이라는 사람이야. 1608년 리퍼세이는 우연히 렌즈 두 개를 사용하면 풍경이 확대돼 보인다는 걸 발견했어. 그래서 금속 통에 렌즈 두 개를 붙여서 멀리 있는 물체를 볼 수 있게 만들었는데, 이게 최초의 망원경이야. 리퍼세이의 망원경은 물체를 세 배 정도 확대할 수 있었어.

다음 해에 이탈리아의 과학자인 갈릴레오 갈릴레이가 망원경 발명 소식을 전해 듣고는 곧바로 망원경을 연구하기 시작했어. 갈릴레이는 볼록 렌즈와 오목 렌즈를 각각 하나씩 사용한 망원경을 만들었는데, 이 망원경은 물체가 30배나 크게 보이면서 상이 거꾸로 서지 않고 바로 보였어.

오늘날 사람들은 망원경에 관한 업적을 세운 과학자로 리퍼세이보다 갈릴레이를 더 기억해. 왜 그럴까? 그 이유는 갈릴레이가 망원경을 이용해 최초로 우주를 관측했기 때문이야. 갈릴레이는 망

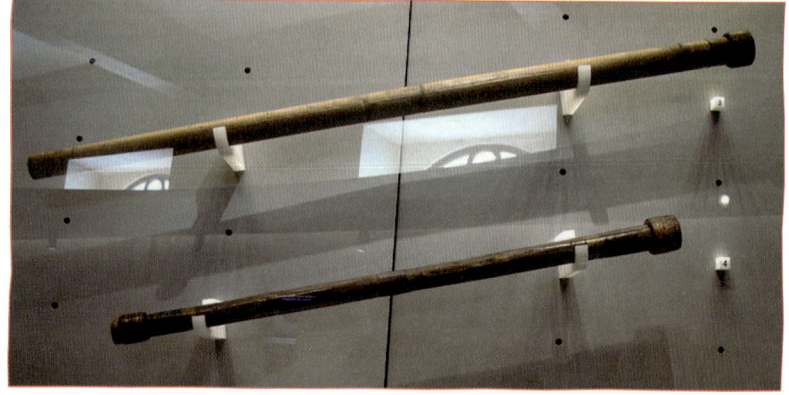

▲ 이탈리아의 갈릴레오 박물관에 있는 갈릴레이 망원경

원경을 통해 달 표면이 울퉁불퉁하다는 것과 목성 주위를 도는 위성이 네 개 있다는 것을 발견했어. 또, 지구에서 본 금성의 모습이 달처럼 변한다는 것도 발견했지. 이러한 관찰 결과를 토대로 갈릴레이는 지구가 태양 주위를 돈다는 지동설을 주장하게 되었단다. 이후 망원경은 계속 발전해 왔어. 오늘날에는 오목 렌즈 대신 볼록 렌즈 두 개를 이용하는 케플러 망원경, 오목 거울과 볼록 렌즈를 이용하는 반사 망원경, 그리고 전파를 이용하는 전파 망원경까지, 망원경의 종류가 매우 다양하단다.

- 장하다의 오답을 피하는 방법
- 나선애의 야무진 실험실
- 왕수재의 아는 척 과학교실
- 허영심의 별 헤는 밤
- 곽두기의 빅뱅 따라잡기

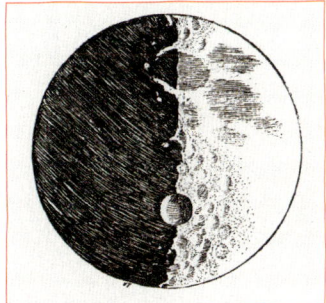

▲ 갈릴레이가 그린 달

COMMENTS

 우리도 망원경을 만들어 보자!

└ 어떻게?

└ 수재 안경이랑 할아버지 돋보기 안경으로!

└ 하다 형, 알고 보니 천잰데?

가로세로 퀴즈

빛에 관한 가로세로 퀴즈야. 빈칸을 채워 봐.
띄어쓰기는 무시해도 돼.

가로 열쇠

① 빛이 직진하다가 물체에 부딪쳐서 되돌아 나오는 현상
② 나란히 들어오는 빛을 넓게 퍼뜨리며 넓은 범위를 볼 수 있는 거울
③ 가운데 부분이 가장자리보다 얇은 렌즈로, 근시를 교정할 때 쓰임.
④ 멀리 있는 물체는 잘 볼 수 있지만, 가까이 있는 물체를 잘 볼 수 없는 시력
⑤ 서로 다른 두 가지 색 이상의 빛이 합쳐져 또 다른 색의 빛으로 보이는 현상
⑥ 더운 여름날 아스팔트 도로 끝에 물이 고여 있는 것처럼 보이는 등 빛의 굴절 때문에 일어나는 현상
⑦ ○○○한 물체는 빛이 통과하지 못해 진한 그림자가 생김.
⑧ 빨간색, 초록색, 파란색 빛으로, 이 세 가지 색의 빛을 합성하면 모든 색의 빛을 만들 수 있음.

세로 열쇠

① 빛이 곧게 나아가는 것
② 가운데 부분이 가장자리보다 두꺼운 렌즈로, 돋보기안경에 쓰임.
③ 빛을 모으거나 먼 곳까지 비출 수 있는 거울
④ 가까이 있는 물체는 잘 볼 수 있지만, 멀리 있는 물체를 잘 볼 수 없는 시력
⑤ 볼록 렌즈를 사용하여 가까이 있는 글씨가 커 보이게 하는 안경. ○○○안경
⑥ 서로 다른 물질의 경계면에서 빛의 진행 방향이 꺾이는 현상
⑦ ○○한 물체는 빛이 대부분 통과하여 연한 그림자가 생김.
⑧ 태양이나 전등처럼 스스로 빛을 내는 물체

●정답은 115쪽에

교과서 속으로

| 초등 4학년 2학기 과학 | 그림자와 거울 |

불투명한 물체와 투명한 물체의 그림자는 어떻게 다를까?

- **빛의 직진**
  - 태양이나 전등에서 나온 빛이 사방으로 곧게 나아가는 성질이다.
  - 직진하는 빛이 물체를 통과하지 못하면 물체 모양과 비슷한 그림자가 생긴다.

- **불투명한 물체와 투명한 물체의 그림자**
  - 불투명한 물체는 빛이 통과하지 못해 진한 그림자가 생긴다.
  - 투명한 물체는 빛이 대부분 통과해 연한 그림자가 생긴다.

 물체를 놓은 방향에 따라 그림자 모양이 달라질 수 있어!

| 초등 4학년 2학기 과학 | 그림자와 거울 |

거울에 비친 물체의 모습은 실제 물체와 어떻게 다를까?

- **빛의 반사**
  - 빛이 나아가다가 거울에 부딪치면 거울에서 방향이 바뀐다.
  - 빛의 이러한 성질을 빛의 반사라고 한다.

- **거울에 비친 물체의 모습**
  - 거울에 비친 물체의 색깔은 실제 물체의 색깔과 같다.
  - 물체의 상하는 바뀌어 보이지 않지만 좌우는 바뀌어 보인다.

 거울은 빛의 반사를 이용해 물체의 모습을 비추는 도구야!

초등 6학년 1학기 과학 | 빛과 렌즈

물속에 있는 물체는 어떻게 보일까?

- **빛의 굴절**
  - 공기와 물처럼 서로 다른 물질의 경계에서 빛이 꺾여 나아가는 현상이다.

- **물속에 있는 물체의 모습**
  - 컵 속에 젓가락을 넣고 물을 부으면 젓가락이 꺾여 보인다.
  - 물속의 물고기는 실제 위치보다 위에 떠올라 있는 것처럼 보인다.
  - 물을 붓기 전에는 보이지 않던 컵 속의 동전이 물을 부으면 보인다.

 빛이 서로 다른 물질로 비스듬히 들어갈 때에만 굴절이 일어나!

중 1학년 과학 | 빛과 파동

볼록 렌즈와 오목 렌즈

- **볼록 렌즈**
  - 가까이 있는 물체를 보면 물체보다 크고 바로 선 모습의 상이 생긴다.
  - 멀리 있는 물체를 보면 거꾸로 선 모습의 상이 생긴다.

- **오목 렌즈**
  - 항상 물체보다 작고 바로 선 상이 생긴다.
  - 근시 교정 안경에 이용된다.

 벌써 배운 내용이네! 중학교 과학도 걱정 없어!

찾아보기

갈릴레이 108-109
갈릴레이 망원경 108
광원 14-16, 21, 23-24, 29-31, 37, 40, 47
(빛의) 굴절 64-72, 74-75, 80, 82-83, 90, 97-101, 106
그림자 12-24
근시 99-103, 105-106
대물렌즈 87-88, 104
도로 안전 거울 53-54, 58
돋보기 78-79, 81, 83-84, 86
돋보기안경 86-87, 89-90
디지털 카메라 93
리퍼세이 108
망막 97-100, 102, 106
망원경 79, 87-90, 104, 108-109
무지개 32-33, 69, 71
바늘구멍 카메라 92-93
(빛의) 반사 30-31, 37-40, 42, 47-49, 51-52, 54-55, 58, 65-66, 109
반사 법칙 49
반투명 20, 42
백색광 32, 36-37, 39-40, 71-72
보안 거울 47, 53-54, 58
볼록 거울 47, 51-56, 58, 83
볼록 렌즈 79-90, 92-93, 97-101, 104, 106, 108-109

불투명 18-20, 24, 42
빛의 삼원색 34-36, 40
상 49, 51-54, 56-58, 84-86, 90, 92-93, 97-106, 108
손전등 14, 16, 21-23, 29, 33, 55, 58
수정체 97-102, 106
스크린 15-16, 22
신기루 74-75
쌍안경 88-90, 105-106
오목 거울 54-58, 80, 92, 109
오목 렌즈 99-106, 108-109
오페라글라스 105
원시 98-100, 106
전조등 55, 58
전파 망원경 109
접안렌즈 87-88, 104
(빛의) 직진 14-16, 23-24, 30, 40, 63, 65, 67, 75
초점 55, 58, 80, 82, 88, 90
측면 거울 53-54, 58
카메라 옵스큐라 92
케플러 망원경 109
태양열 조리기 54-55, 58
투명 17-20, 24, 32, 42, 63, 79, 82, 97
평면거울 47-53, 58

프리즘 32-33, 69-72, 80-81, 101
필름 93
필름 카메라 93
(빛의) 합성 33-34, 36, 40
현미경 79, 87, 89-90
화소 34-35

퀴즈 정답

1교시

01 ① O ② O ③ ✗

02

2교시

01 ① O ② ✗ ③ O

02

3교시

01 ① ✕ ② ○ ③ ○

02

4교시

01 ① ○ ② ✕ ③ ✕

02

보기
> 백색광이 (프리즘)을 통과하면 여러 가지 색의 빛으로 나뉘는 까닭은 빛의 (색)에 따라 빛이 (굴절)하는 정도가 달라서야.

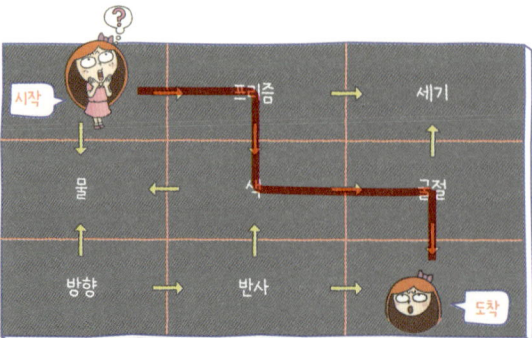

5교시

01   ① ○   ② ✕   ③ ○

02   유리잔

6교시

01   ① ✕   ② ○   ③ ✕

02

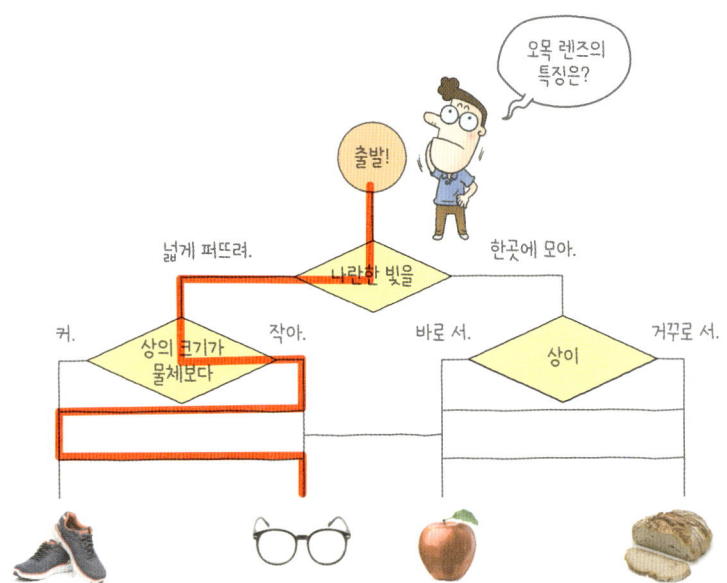

가로세로 퀴즈

①❶빛	의	반	사			②❷볼	록	거	울
의						록			
직				③❸오	목	렌	즈		❹근
진				목		즈		❹원	시
				거			❺돋		
				울			보		
⑤❻빛	의	합	성			⑥신	기	루	
의									
굴		⑦불	⑦투	명			❽광		
절			명		⑧빛	의	삼	원	색

일러두기
- 맞춤법과 띄어쓰기는 국립국어원에서 펴낸 《표준국어대사전》을 따랐습니다.
- 과학 용어 표기는 《2015 개정 교육과정에 따른 교과용도서 개발을 위한 편수자료Ⅲ 기초과학, 정보 편》을 따랐습니다.
- 이 책에 실린 사진은 저작권자로부터 사용 허가를 받았습니다. 저작권자와 접촉하기 위해 최선을 다했으나 불가피한 사정으로 사용 허가를 받지 못한 일부 사진에 대해서는 저작권자와 연락이 닿는 대로 게재 허락을 받고 사용료를 지불하겠습니다.
- 이 책에 실린 그림의 저작권은 별도의 표기가 없는 한 사회평론에 있습니다.

사진 제공
15쪽: 북앤포토 | 22-23쪽: 북앤포토 | 26-27쪽: gekaskr(123RF.com) | 32쪽: GIPhotoStock(Science Source) | 38쪽: 북앤포토 | 43쪽: Wangkun Jia(셔터스톡) | 50쪽: 북앤포토 | 52쪽: 북앤포토 | 53쪽: Milkovasa(셔터스톡) | 56쪽: 북앤포토 | 63쪽: 북앤포토 | 64쪽: 북앤포토 | 65쪽: 북앤포토 | 67쪽: 북앤포토 | 69쪽: 북앤포토 | 75쪽: dpa picture alliance(Alamy Stock Photo) | 76-77쪽: Cavan Images(Alamy Stock Photo) | 79쪽: sciencephotos(Alamy Stock Photo) | 80-81쪽: 북앤포토 | 84쪽: 북앤포토 | 86쪽: 북앤포토 | 88쪽: Sundry Photography(셔터스톡) | 89쪽: Den Rozhnovsky(셔터스톡) | 90쪽: 북앤포토 | 100쪽: sciencephotos(Alamy Stock Photo) | 101쪽: 북앤포토 | 103쪽: 북앤포토 | 105쪽: 북앤포토 | 106쪽: 북앤포토 | 그 외: 셔터스톡

용선생의 시끌벅적 과학교실 | 빛

1판 1쇄 발행	2021년 3월 9일
1판 5쇄 발행	2024년 12월 16일
글	김지현
구성	사회평론 과학교육연구소
그림	김인하, 김지희, 전성연
감수	강남화
캐릭터	이우일
어린이사업본부	이승필
책임편집	최미라
편집	정세민, 이명화, 홍지예, 김미화, 최예리, 윤성진
마케팅	윤영채, 정하연, 안은지, 박찬수
경영지원본부	나연희, 주광근, 오민정, 정민희, 김수아, 김승현
아트디렉터	강찬규
디자인	가필드
사진	북앤포토
펴낸이	윤철호
펴낸곳	(주)사회평론
전화	02-326-1182
팩스	02-326-1626
주소	03993 서울시 마포구 월드컵북로6길 56 사평빌딩
출판등록	1993년 10월 6일 제 10-876호

© 사회평론, 2021

ISBN 979-11-6273-155-0 73400

- 이 책 내용의 일부나 전부를 다시 사용하려면 저작권자와 사회평론의 동의를 받아야 합니다.
- 잘못 만들어진 책은 바꾸어 드립니다.

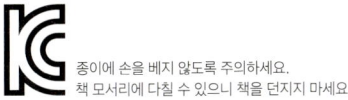
종이에 손을 베지 않도록 주의하세요.
책 모서리에 다칠 수 있으니 책을 던지지 마세요.